KB267299

오늘을 바꾸는 힘,
감사일기

이 철 행

오늘을 바꾸는 힘, 감사일기

초 판 1 쇄 | 2025년 8월 25일

지 은 이 | 이철행
발 행 인 | 김영희

편집·디자인 | 이상숙
발 행 처 | (주)와이에치미디어
등 록 번 호 | 2017-000071호
주   소 | 08054 서울특별시 양천구 신정로 11길 20
전   화 | 02-2654-9848
팩   스 | 0502-377-0138
홈 페 이 지 | www.yhmedia.co.kr
E - m a i l | fkimedia@naver.com
I S B N | 979-11-89993-37-5 03190
정   가 | 16,000원

오늘을
바꾸는 힘,
감사일기

이 철 행

행복한 하루를 만드는
직장인 공감 에세이

YH Media

우리는 살아가는 데 꼭 필요한 것, 매일 자연스럽게 맞는 일상, 그리고 우리에게 주어진 환경을 당연하게 받아들입니다. 아침마다 들이마시는 신선한 공기, 목마를 때마다 들이키는 물, 자유롭게 움직일 수 있는 양손과 양발, 맛있는 음식을 즐기게 해주는 미각과 후각 등에 대해 고마움을 거의 느끼지 않습니다. 하지만 상황이 변해 당연한 존재들이 당연하지 않게 되면 평소 생각지도 않던 존재와 기능들이 너무나 감사할 대상임을 깨닫게 됩니다.

『어린 왕자』의 저자 생텍쥐페리는 1935년 파리에서 사이공(현 호치민)으로 비행기를 몰고 가던 중 북아프리카의 리비아 사막에 추락했습니다. 그는 사고 직후 나흘 동안 사막에서 물 한 방울 없이 헤매야 했습니다. 극심한 갈증과 탈수로 인해 환각에 시달리며 생사의 기로를 헤매던 그는 운 좋게도 사막에서 살아가는 베두인 유목민들에게 구조되었습니다. 생텍쥐페리는 이러한 조난의 경험 속에서 평소 당연하고 대수롭지 않게 여겼던 둘이 생명을 지탱하는 '절대적인 존재'임을 깨달았습니다. "물은 단순히 투명한 액체가 아니었다. 그것은 차가운, 은빛의, 생명의 선물이었다"고 말이지요.

건강하게 사는 보통 사람들은 손과 발을 자유롭게 쓰고 살아가는 게 얼마나 감사한지를 잘 모릅니다. 그러다가 뇌졸중으로 쓰러져 손발을 움직이는 게 너무 힘들어지고 말도 어눌한 중풍 환자가 되면 "그저 걷는 것, 손으로 밥을 먹는 것이 기적이라는 걸 병원에서 깨어난 후에 알았습니다. 평범한 일상을 불편 없이 살아가는 게 정말 감사할 일이지요"라고 얘기합니다.

코로나 사태 당시 바이러스에 감염돼 몇 주에서 몇 개월 동안 미각과 후각을 잃은 사람들이 참 많았습니다. 제 아들도 그 중 한 명이었습니다. 완치된 후 아들이 이렇게 말했습니다. "김치를 먹어도 아무런 맛이 없고 고기를 씹는데 가죽 같더라고요. 그때 처음으로, '맛'을 보고 '냄새'를 느끼는 게 그 얼마나 감사한 건지 처음 알았습니다."

우리는 "감사합니다"라는 말을 누군가로부터 선물을 받았을 때, 좋은 일이 생겼을 때 많이 사용합니다. 성경에서 "범사에 감사하라(데살로니가전서 5:18)”라고 말하는 데 그 참뜻을 제대로 이해하지 못합니다. 사실 이 말씀은 단지 ‘좋은 일에만 감사하라’는 뜻을 넘어 ‘삶의 모든 순간에 감사하라, 당연한 것에도 감사하라’는 깊은 뜻을 담고 있습니다. 우리가 ‘지극히 당연한 것’으로 여기고 살아가는 것들－수도꼭지만 틀면 나오는 깨끗한 물, 황사가 섞이지 않은 맑은 공기, 그리고 어머니와 아내가 만든 음식의 구수한 냄새와 입에 착착 붙는 맛 등등－이야말로 참으로 감사할 대상입니다.

현대인은 깨어있는 시간 대부분을 가정과 직장에서 보내고 있습니다. 가족과 직장 동료들에 대해 매일 감사함을 느끼고 표현하며 생활해야 하는데 그렇게 하는 사람이 많지 않은 것도 현실입니다.

제가 몸을 담고 있는 일진그룹 기업문화의 핵심 가치는 ‘감사와 능동’입니다. ‘가족과 동료, 일상에 감사하고, 상호 간에 배려하고 협력하는 능동적인 사람이 되며, 멋진 가정과 직장을 만들어 보자’는 깊은 뜻이 내포되어 있습니다. 직장에서 능동감사문화가 잘 전파되려면 감사 문화를 꾸준히 실천하고 솔선수범하는 사람이 필요합니다. 이에 비록 글재주는 없지만, 일진그룹의 능동감사문화가 빠르게 전파될 수 있도록 동료들에게 매주 3회 정도 이런저런 얘기를 담은 감사 메일을 보냈습니다.

감사 메일의 주된 내용은 당연하다고 생각하는 것에 대해 감사하는 마음을 갖고 자주 표현하자는 것이었습니다. 감사에는 전제 조건이 없다고 합니다. '그러니까 감사하고, 그러면서 감사하고, 그럴수록 감사하고, 그래도 감사하라'는 게 감사의 원칙이라고 합니다.

그동안 감사 메일을 꾸준히 읽어 주신 동료들 덕분에 100개의 이야기가 만들어졌고, 그분들이 100개의 글을 모아 책을 내보라고 권유해왔습니다. 깊이가 얕은 글을 내는 게 부끄럽기도 했지만 그분들이 보내주신 격려의 말씀에 용기를 냈습니다.

작은 에세이집이 나오는 데는 일진그룹 임직원 여러분의 도움과 응원이 가장 큰 힘이 되었습니다. 특히 그룹의 능동감사 기업문화를 경영이념으로 정립하신 일진그룹 허진규 회장님과 일진홀딩스 허정석 부회장님께 깊이 감사드립니다. 바쁜 가운데 감사 메일을 꾸준히 읽어 주시면서 격려의 답장 글을 보내주신 동료 여러분께도 다시 한 번 감사드립니다. 마지막으로 오늘의 제가 있도록 키워주시고 언제나 제 편이 되어 주신 부모님, 그리고 물심양면으로 아낌없이 도와주신 가족과 형제에게 감사드립니다.

2025년 8월

이 철 행

Contents

Chapter 2 건강관리로 행복 라이프를…

Chapter5 감사(感謝)하면 가화만사성(家和萬事成) 온다

Chapter ❶

일상의 혁신;
시작은 소소하게

감사하다 보면 스트레스 극복하고 행복하게 살 수 있다네요 | 챗GPT가 응답한 감사일기 쓰기의 효과 | 감사 습관을 키우는 방법은 무엇일까요 | 데일 카네기의 1분 격언-걱정에서 벗어나 행복하게 사는 방법 | 아침 이불 개기의 위력 실천해보기 | 속상하거나 화날 때는 6초의 심호흡부터 | 매일 30분 이상 독서하기 실천 | 방송인 사업가 고명환의 독서를 포함한 아침 루틴 | 100감사 쓰기 클래스에 여러분을 초대합니다 | 삶에 도움이 되는 9가지 해법 | 행복의 조건 7가지 | 아침 루틴의 효과 | 매월 기념일도 참 많습니다 | 폭설입니다. 조심하십시오 | 매일 하면 좋은 것 | 30감사부터 쓰다 보면 50감사, 70감사, 100감사도 쉽겠죠 | 시작이 반이다 vs. 80%가 반이다 | 정리정돈의 751법칙을 아시나요 | 똑부 직원에 맞는 상사는… | 66일 법칙에 대하여 위기 돌파 원동력은 능동적인 임직원!

감사하다 보면
스트레스 극복하고
행복하게 살 수 있다네요

직장 동료들과 차 마시면서 얘기하다 보면 즐겁고 행복하다는 말보다 가정과 직장에서 힘들고 말 못할 고민으로 스트레스를 많이 받고 있다는 넋두리를 자주 듣습니다. 그럴 때면 동료들에게 스트레스를 어떻게 해소하는지 가끔 물어봅니다. 운동으로 땀 흘리면서 푼다는 사람도 있으나 대부분은 술 한 잔하거나 그냥 이겨낸다고 말합니다.

스트레스는 현대인이 피할 수 없는 문제인 것 같습니다만, 적절히 해소하지 않으면 만병의 근원이 될 수 있다고 합니다. 그래서 정신건강 전문가들은 스트레스 해소법으로 마음 챙김 명상, 복식 호흡, 규칙적인 운동, 멍 때리는 산책, 취미 활동, 충분한 휴식, 감사일기 쓰기, 감정 기록하기 등을 추천합니다.

위 해소방안 중 하나인 감사일기 쓰기로 어려움을 극복하고 미국의 유명한 앵커로 성공한 오프라 윈프리 얘기를 자주 듣습니다. 그녀는 현재 세계적으로 성공한 방송인, 사업가, 자선가입니다만, 그녀의 어린 시절은 극심한 가난과 학대, 정서적 고통으로 가득 차 있었습니다. 1954년 인종차별이 심한 미시시피주에서 태어난 오프라는 어린 시절을 외할머니와 함께 살며 감자 포대 옷을 입을 정도로 가난한 환경에서 자랐습니다. 8세부터 14세까지 가족 구성원들에게 반복적인 성적 학대를 당했으며, 14세에 임신했지만 아이는 태어나자마자 사망했습니다.

이렇게 힘든 어린 시절의 어려움을 극복하고 현재의 성공을 이룬 가장 큰 요인은 책 읽기와 감사일기에 있다고 그녀는 자주 말했습니다. 어릴 적부터 책 읽기를 좋아한 그녀는 친구가 없어서 강아지에게 성경을 읽어주었습니다. 그리고 언제부터인가 하루 동안 일어난 일들 중 감사한 일 다섯 가지를 기록하는 감사일기를 하루도 빼먹지 않고 기록하고 있다고 밝혔습니다.

그녀가 감사일기에 적는 다섯 가지 감사한 일들은 거창하지 않습니다. 누구나 일상에서 겪는 일들입니다.

① 플로리다 피셔 아일랜드에서 시원한 바람을 맞으며 조깅한 것
② 햇살 아래 벤치에서 차가운 멜론을 먹은 것
③ 친구 게일과의 유쾌한 대화
④ 달콤한 셔벗 아이스크림

⑤ 마야 안젤루(시인)가 새(Bird) 시를 읽어준 전화 통화

그녀는 위와 같은 감사일기 쓰기 습관으로 "일상의 소소한 기쁨을 발견하고, 삶의 긍정적인 측면에 대해 감사하는 마음으로 생활하다 보니, 내적인 만족과 행복을 경험하게 되었고, 자존감도 강화되어 결국 회복탄력성이 높은 사람이 되었다"고 밝혔습니다.

우리도 오프라 윈프리처럼 감사일기를 쓰다 보면 자기도 모르게 일상의 작은 기쁨과 긍정적인 면을 발견하고, 이에 감사하면서 살다 보면 스트레스로부터 해방되고 행복한 삶을 살 수 있지 않을까 하는 생각을 해봅니다.

오늘도 출근해서 사무실 동료 여러분께 위와 같은 감사 메일을 보내는 것이 저에게는 큰 즐거움입니다. 감사합니다.

《감사 메일 11》

챗GPT가 응답한 감사일기 쓰기의 효과

2022년 11월 30일에 세상에 처음 공개된 챗GPT는 'GPT'라는 인공지능 모델로 개발한 대화형 챗봇입니다. GPT는 사전 훈련된 생성 변환기(Generative Pre-trained Transformer)의 약자로, Generative는 답변을 생성한다는 의미이고, Pre-Trained는 GPT 인공지능이 미리 학습을 끝낸 결과로 답변을 만들어낸다는 의미이며, Transformer는 GPT의 등장을 가능하게 한 핵심적인 신경망 모델을 가리킵니다.

저는 2023년 봄 친구 딸 결혼식에서 챗GPT의 능력을 경험했고, 여러 분야에서 다양하게 사용되겠구나 하는 생각을 하게 되었습니다. 요즘 결혼식은 주례 선생님 말씀 대신 양가 아버지가 신랑신부에게 덕담을 해주고, 축하 하객에게 감사 인사를 드리는 형식이 대부분입니다. 신부 아빠였던 친구는 덕담의 원고를 본인이 쓴 것이 아니라 챗GPT가 작성한 것이라고 말하더니, 몇 글자 고치지 않았다면서 쭉 읽었는데 하객들로부터 우레와 같은 박수를 받았습니다. 말미에 친구는 챗GPT가 이렇게 좋은 글을 쓰게 하려고 구체적으로 지시(프롬프트)를 했다고 비법을 알려 주었습니다.

그래서 저도 챗GPT에게 '감사일기를 쓰면 좋은 점이 무엇인 가요'라고 물었는데, 다음과 같이 답을 합니다.

감사일기를 쓰는 것은 많은 긍정적인 효과를 가져올 수 있습 니다. 다음은 그 주요 장점들입니다.

① **긍정적인 사고 증진**　감사일기를 쓰면 일상에서 감사한 일을 찾게 되며, 이는 긍정적인 사고를 촉진합니다. 부정적 인 감정보다 긍정적인 감정을 더 많이 경험하게 됩니다.

② **스트레스 감소**　감사한 일을 적는 과정에서 스트레스를 줄일 수 있습니다. 감사는 마음을 안정시키고, 일상의 작은 행복을 느끼게 해줍니다.

③ **행복감 증진**　감사의 표현은 자아 존중감과 행복감을 높 여줍니다. 자신이 받은 것들에 대해 감사하며, 더 많은 만 족을 느끼게 됩니다.

④ <u>관계 개선</u>　감사일기를 통해 타인에게 감사의 다음을 표현하는 방법을 배우게 되며, 이는 인간관계를 더욱 깊고 긍정적으로 만드는 데 도움이 됩니다.

⑤ <u>자기 성찰</u>　자신의 감정을 정리하고 반성하는 시간을 가지면서 자기 이해를 높이고, 자신의 가치관과 우선순위를 명확히 할 수 있습니다.

⑥ <u>긍정적인 습관 형성</u>　매일 감사한 일을 기록하는 습관을 들이면, 일상에서 자연스럽게 긍정적인 면을 더 많이 바라보게 됩니다.

이러한 이유로 많은 사람들이 감사일기를 작성하며, 이를 통해 더 행복하고 만족스러운 삶을 추구하고 있습니다.

'좋은 약은 입에 쓰다'는 속담처럼 우리 심신에 좋은 처방은 쉽게 실천하기 힘들 것입니다. '고생 끝에 즐거움이 온다'는 '고진감래(苦盡甘來)'의 마음으로 감사일기를 열심히 쓰다 보면 우리 삶에 즐거움과 행복이 넘칠 것이라 생각됩니다. 감사합니다.

《감사 메일 12》

'세 살 버릇 여든까지 간다(三歲之習 至于八十)'는 속담이 있습니다. 어릴 때 몸에 밴 버릇은 죽을 때까지 고치기 힘들다는 뜻으로, 나쁜 버릇이 들지 않도록 잘 배우거나 가르쳐야 한다는 교훈입니다. 하지만 나쁜 버릇만 그렇겠습니까? 좋은 버릇도 한번 습관화되면 몸에 익숙해져서 죽을 때까지 생활화된다는 말이겠죠.

챗GPT가 알려준 감사일기 쓰기의 효과를 정리하면

① 긍정적 사고가 높아지고 ② 스트레스가 감소하며 ③ 행복감이 높아지고 ④ 관계가 개선되며 ⑤ 자기성찰이 가능하며 ⑥ 긍정적 습관이 형성된다는 것입니다.

이렇게 장점이 많은 감사일기 쓰기를 습관화하려면 ① 우선 일상생활에서 매사에 감사하는 마음을 갖거나 표현하는 노력을 해야 할 것이고 ② 이런 감사한 것들을 매일 감사일기에 쓰는 습관을 들이는 것이 필요할 것입니다.

먼저, 일상에서 매사에 감사하다고 표현하는 습관을 들여야 합니다.

① 감사 인사를 자주 하도록 노력해야 합니다. 작은 일(예: 문 열어준 사람에게, 음식 서빙한 직원에게 등)에도 '감사합니다'라는 말을 습관화합시다.

② 감사한 마음을 자주 표현해야 합니다. 친구에게 감사한 마음을 편지나 메시지로 '항상 곁에 있어줘서 고마워'라고 표현해 봅시다.

③ 감사하는 마음을 키우도록 노력해야 합니다. 자기 전 오늘 있었던 감사한 일 3~5가지 생각하기 등 하루를 돌아보며 감사한 일을 떠올리는 시간을 꼭 갖도록 합시다.

감사일기 쓰는 것을 습관화하는 방법은

① 우선, 일정한 시간과 장소에서 쓰려고 노력합시다. 매일 같은 시간에 가장 편안한 장소에서 감사일기를 쓰는 습관을 들이는 것이 중요합니다.

② 감사일기에 쓸 내용은 매일 일상에서 감사하다고 생각하거나 표현했던 내용 등을 구체적으로 적는 것입니다.

③ 좋지 않은 일이 발생했을지라도 문장을 긍정적으로 표현하고, '감사합니다'로 마무리하도록 연습해야 합니다.

참고로 오프라 윈프리의 감사일기 쓰기 핵심 원칙은 다음과 같습니다.

① 매일 다섯 가지 감사한 일 쓰기입니다. 그녀는 매일 밤, 하루 동안 감사했던 일 다섯 가지를 구체적으로 기록하는 습관을 지속하고 있습니다.

② 작은 것에도 감사하는 것입니다. '차가운 멜론을 벤치에 앉아 맛있게 먹었다'는 사소한 일도 감사일기에 적었습니다.

③ 감사한 일을 구체적으로 적어 진정성을 유지하는 것입니다. 예를 들어, '친구와의 즐거운 대화'보다는 '오랜만에 만난 친구와 카페에서 나눈 진심 어린 대화'처럼 상세하게 표현하는 것입니다.

④ 일정한 시간에 일관성 있게 작성하는 것입니다. 오프라는 주로 잠들기 전에 일기를 썼으며, 이는 하루를 긍정적으로 마무리하는 데 도움이 되었다고 말합니다.

감사일기를 꾸준히 쓰는 것은 참 힘든 일이라고 생각됩니다. 우리 사무실의 김 전무님은 매일 퇴근 전에 다섯 가지 감사일기를 쓰십니다. 저녁에 약속이 많으신 분은 퇴근 전 사무실에서 쓰는 것도 좋은 방법일 것입니다. 감사합니다. 《감사 메일 13》

데 일　카 네 기 의　1 분　격 언
－ 걱 정 에 서　벗 어 나
행 복 하 게　사 는　방 법

데일 카네기(Dale Carnegie, 1888~1955)는 인간관계, 자기관리, 대중 연설 등의 분야에서 실용적인 조언을 하는 것으로 유명한 미국 강사이며, 현대 자기개발 이론의 기초를 마련한 인물로 평가받고 있습니다.

그가 저술한 3대 저서의 한글 제목은 『인간관계론』,『자기관리론』,『성공대화론』인데, 우리 말 제목만 봐서는 무슨 내용인지 바로 와 닿지 않습니다. 그러나 영어 제목을 보면 무슨 너용일지 바로 알 것 같습니다.

- 인간관계론　How to Win Friends and Influence People, 1936

- 자기관리론　How to Stop Worrying and Start Living, 1948

- 성공대화론　The Quick and Easy Way to Effective Speaking, 1962

두 번째 책은 자기관리에 관한 책으로 유명한데, 책 제목이 『걱정을 멈추고 제대로 된 삶을 살아가는 방법(How to Stop Worrying and Start Living)』인 것을 보면 1940년대 미국 사람들도 현대인처럼 걱정하며 사는 사람들이 많았나 봅니다. 이 책은 2차대전 이후 호황기를 누렸던 미국의 기성세대에게 불안과 걱정으로부터 벗어나 삶의 질을 향상시키는 다양한 방법을 제시하였다며 큰 호평을 받았습니다.

주요 내용은 다음과 같습니다.

① 하루 단위로 살아가라. 과거의 후회나 미래의 불안에 사로잡히지 말고, 오늘 하루에 집중하도록 하라.
② 최악의 상황 받아들여라. 가장 나쁜 시나리오를 상상하고 이를 받아들인 후, 개선을 위한 노력을 시작하라.
③ 걱정을 분석하여 해결책을 강구하라. 걱정의 원인을 명확히 파악하고, 이를 해결하기 위한 구체적인 계획을 세워라.
④ 바쁜 삶을 유지하라. 생산적인 활동에 몰두함으로써 걱정할 틈을 줄여라.

요즘 바쁜 사람들이 이 책을 읽을 시간이 없을 것으로 생각했는지, 관련된 1분 격언이 있습니다.

데일 카네기의 세상 살아가는 방법 1분 격언에 따르면, 걱정을 해결하려고 걱정하다 보니 또 다른 걱정이 생기는 현대인들에

게 걱정에서 벗어나 행복하게 살 수 있는 간단한 방법을 알려줍
니다.

　① 웃는 데는 돈이 전혀 들지 않는다

　② 불가능하다고 생각하기 전에는 어떤 사람에게든 한계는 없다

　③ 매일 감사의 말을 퍼트리며 지내길 바란다

　④ 고민이 있거든 산책을 해보라

　⑤ 심신이 지칠 때는 집중할 일을 찾아보라

　⑥ 걱정 때문에 망할 것이다, 그러니 당장 걱정하는 마음을 버려라.

예나 지금이나 이 세상을 사는 삶 자체가 걱정과 스트레스의 연속인 것 같습니다. 걱정을 떨치고 스트레스를 이기는 방법은 웃자, 감사하자, 산책하자, 집중해서 일하자, 걱정 자체를 하지 말자 등이네요. 걱정이 우리 마음 속에 안주할 시간을 주지 않도록 긍정적으로 감사하며 바쁘게 살아야 할 것 같습니다. 감사합니다.

《감사 메일 14》

아침 이불 개기의 위력 실천해보기

'하루를 의미있게 시작하려면 아침에 일어나서 무엇을 하는 것이 좋을까'를 검색했더니, 이불을 개라고 하네요. 너무 간단해 다소 어이가 없었습니다. 하지만 유명인사들 중 이불 개기를 해보라는 분들이 많더군요.

아침에 이불 개기를 실천하는 유명 인사로는 미국 해군 제독 윌리엄 H. 맥레이븐(William H. McRaven)이 있습니다. 그는 2014년 텍사스대학교 졸업식 연설에서 "하루를 성공적으로 시작하려면 아침에 침대 이불을 개라"는 조언을 하며, 작은 습관이 큰 변화를 이끌 수 있다고 강조했습니다.

애플의 공동 창립자인 스티브 잡스는 매일 아침 이불을 개고 샤워한 후 거울을 보며 "오늘이 내 인생의 마지막 날이라면, 오늘 하려는 일을 하고 싶은가"라는 질문을 스스로에게 던졌답니다.

이 질문으로 자신의 삶과 일에 대한 진정성을 점검했으며, 만약 이 질문에 "아니오"라는 대답이 여러 날 연속으로 이어진다면, 삶의 방향을 바꿔야 할 때라고 판단했다고 말했습니다.

유명인사들의 권고대로 저도 아침에 일어나면 지체 없이 이불을 개고 물 한 잔 마시고 스트레칭을 하는 등 아침 루틴을 꾸준히 하고 있습니다. 그러다 보니 매일 쓰는 5감사일기 내용도 '아침에 상쾌하게 일어났고 이불을 갰더니 기분이 좋았다'는 것이 첫 번째 줄을 차지한 날이 많았습니다. 요즘은 일상이 되었기에 감사일기에 적지 않고 있지만요.

우리 모두 대부분 침대생활을 하기 때문에 일어나서 이불 개고 매트리스까지 정리하는 데는 채 1분도 걸리지 않을 것입니다. 하루를 깔끔하게 시작하는 의미도 있지만, 힘든 하루 일과를 마무리하고 잘 정돈된 잠자리에 들 때 기분은 더할 나위 없이 좋겠죠.

아침에 이불 개기를 한 사람이 성공했다는 얘기는 많습니다. 이불 개고 창문 열어 환기시키고, 잠시 명상을 한 후 하루 일과를 시작해 보십시오. 아침 운동까지 한다면 당신은 성공과 행복의 두 마리 토끼를 분명히 잡을 수 있을 겁니다. 감사합니다.

《감사 메일 16》

속상하거나 화날 때는
6초의 심호흡부터

'먼저 화를 내는 순간 지는 것이다. 그러니 평정심을 유지하라는 말씀이 있습니다'만, 살다보면 평정심 유지가 쉽지 않습니다.

운전 중인데 누군가 깜빡이도 켜지 않고 갑자기 내 앞으로 끼어들었을 때, 회사에서 동료가 내 노력을 인정해주지 않을 때, 가족(특히 자녀)이 내 말을 제대로 들어주지 않을 때, 누군가에게 돈을 떼였을 때 등등.

살다보면 집안일, 회사일, 경제적인 일 등으로 화가 나거나 열받는 일이 많습니다. 이런 일이 생길 때 감정조절을 잘 못하는 사람은 즉각적으로 반응하며 주변사람에게 큰 상처를 주기도 합니다만, 반대로 감정을 잘 삭혀 격한 감정을 내보이지 않는 사람은 오히려 일을 매끄럽게 처리합니다.

최근 조벽 교수님의 '6초의 여유'라는 강의를 들었습니다. 2015년 하버드대 심리학 연구진이 6초의 여유라는 개념을 소개했다는 내용입니다. 짧은(?) 시간이라도 감정을 조절해 숙고할 시간을 갖는 것이 정신 건강에 긍정적인 영향을 주며, 부정적인 생각이 들 때 6초의 여유를 갖는 사람은 부정적이거나 격한 감정을 진정시키게 되고 그 결과 사회적으로 존경받으면서 성공할 확률이 높다고 설명하였습니다.

왜! 6초일까? 이 6초 속에 과학적인 근거가 있습니다. 실제로 인간이 화가 나거나 놀라는 등의 부정적인 감정의 자극은 0.2초 이내로 자동적으로 이루어지며, 이것을 우리 인간의 의지로는 막을 수 없습니다. 한편, 감정 때문에 소리를 지르거나 좋지 못한 반응을 해서 뒤에 발생되는 상황을 더 크게 키우는 행동들이 나오는 데 걸리는 시간은 평균 6초라고 합니다.

하버드대 심리학 연구팀에서는 이런 6초 동안에 격한 감정이 폭발하지 않도록 우리가 의도적으로 해야 할 행동은 깊은 '심호흡'이라고 했습니다. 격한 감정을 조절하는 6초의 심호흡은 뇌졸증, 심장마비 등의 갑작스런 증상에 대처하는 3분의 골든타임과 같은 역할을 합니다.

6초가 감정의 골든타임이고 깊은 심호흡이 우리의 격한 감정을 조절하는 방법입니다. 우리 모두 화 나거나 마음이 답답할 때

심호흡을 하고 나면 마음도 편안해지고 몸도 가벼워지는 것을 느끼게 될 것입니다.

화를 이기는 방법에 대한 법륜 스님의 말씀을 첨부합니다. 감사합니다.

《감사 메일 27》

화를 이기는 사람

법륜 스님

부처님은 이렇게 말씀하십니다.

"상대가 화를 낸다고 나도 덩달아 화를 내는 사람은
두 번 패배한 사람이다. 상대에게 끌려드니 상대에게 진 것이고,
자기 분을 못 이기니 자기 자신에게도 진 것이다."

바람을 향해 던진 흙이 오히려 자신을 더럽히는 것과 같이,
우리가 화내고 짜증내고 미워하는 것은 남을 해치기 전에
먼저 자기 자신을 해칩니다.

그런데 오늘 우리들은 어리석게도 스스로를 해치는 행위가
잘한 행위이고, 그런 사람을 승리자라고 말합니다.

이것은 승자의 길이 아니라 패자의 길입니다.

상대가 화를 내더라도 침묵하거나 웃을 수 있을 때,
두 가지 승리를 얻게 된다는 사실을 명심하세요.

매 일 　 ３ ０ 분 　 이 상
독 서 하 기 　 실 천

회사 임직원들이 감사하기를 실천하면서 능동적인 사람으로 변하는 기업문화 활동에 좀 더 많이 동참하길 바라는 마음에서 쓰기 시작한 감사 메일이 벌써 30회가 지났습니다. 처음 감사 메일을 보낼 때는 소재를 찾는 데 어려움이 많았고 글을 쓰는 것 자체도 힘들었습니다. 하지만 지금은 감사 메일을 쓰는 것이 많이 편해졌습니다. 아마도 제가 여러분께 보낸 감사 메일의 내용을 직접 실천하면서 저도 모르게 긍정적인 변화를 직접 느끼게 되면서 즐겁고 활기차게 생활하기 때문인 듯합니다.

며칠 전 보낸 감사 메일에서 매일 기상해서 15분 정도 각자에게 맞는 아침 루틴을 실천해보자고 했었는데, 저는 아래와 같은 것들을 매일 아침 실천하고 있습니다.

① 알람이 울려 눈 뜨면 바로 일어나지 않고 기지개도 하고 손발을 꼼지락 거리다가 일어나며, 바로 이불을 정돈합니다

② 미지근한 물을 한 모금 마시고 입속을 가글한 후 뱉습니다. 그리고 물 한 컵을 2~3회에 걸쳐 마십니다

③ 문틀에 걸린 철봉에 5분 정도 매달려서 스트레칭, 다리 들어올리기 등을 하면서 심호흡을 깊이 합니다

④ 샤워하면서 양치질을 부드럽게 3분 정도 합니다.

규칙적인 아침 루틴이 없을 때는 기상하고 바로 출근하려고 매우 부산했었습니다만, 요즘은 하루를 여유있고 차분하게 시작하고 있습니다. 출근 운전 중에도 오늘 해야 할 일들이 좀 더 깔끔하게 정리된다는 느낌을 받습니다. 여러분들께서도 감사일기에 다짐이나 실천할 일을 적어보시면 많은 변화를 경험하실 수 있을 것입니다.

오늘부터 새로운 실천과제를 하나 더 적어보렵니다. 매일 식사하고 운동하듯이 1일 30분 이상 독서하기입니다. 각자 조용히 책을 보시고 있겠지만 이제는 서로에게 소문을 내면서 책을 읽어보면 어떨까요.

『부자가 되는 습관』의 저자 토마스 C. 콜리는 223명의 부자들과 128명의 빈자(가난한 사람)들을 대상으로 습관에 대해 조사

하루 30분 이상 책을 읽는다	부자 88%	빈자 2%
책 읽는 것을 좋아한다	부자 86%	빈자 26%
자동차 안에서 오디오북을 듣는다	부자 63%	빈자 5%
매일 할 일을 적어둔다	부자 81%	빈자 9%
목표를 기록해둔다	부자 67%	빈자 17%

한 결과 위와 같은 공통점을 발견했다고 합니다.

경제적인 부자가 되기 위해 책을 읽어야 한다는 것은 아닙니다. 마음의 부자가 되기 위해, 리더가 되기 위해, 목표를 달성하기 위해 독서를 하면 어떨까요. 감사합니다. 《감사 메일 32》

방 송 인　사 업 가　고 명 환 의
독 서 를　포 함 한　아 침　루 틴

엊저녁에 유튜브로 개그맨 고명환의 5분 영상을 봤습니다. 자극적인 썸네일 '아침에 이불을 개라, 어슬렁 거리기'에 낚였습니다. 그는 매일 아침 30분 이상 도서관에 가서 책을 보는 루틴을 19년째 지키고 있고, 그 효과가 얼마나 좋은지에 대해서 간단하게 얘기해주면서 시청자들에게 도전해보라고 권유했습니다.

그가 책을 읽게 된 이유는 죽을 고비에서 벗어나 다행히 살게 되면서입니다. 그는 2005년 1월, 전남에서 드라마 <해신>을 촬영하고 서울로 오다가 차가 중앙분리대를 들이받고 차량이 박살 나면서 거의 죽었다가 살아났습니다. 교통사고로 응급실에서 목숨을 건졌는데, 언제 심장이 터질지 모르니 빨리 신변 정리를 마치라는 의사 선생님의 말을 들으면서 중환자실로 들어갔다고 합니다. 다행히 심장이 터지지 않아 살아났는데, 퇴원 후 그가 가장 먼저 찾은 건 책이었습니다. 그때 본인의 의지로 할 수 있는 일 중 가장 유익한 게 독서뿐이어서 지겹게 읽었고 잡히는 대로 탐독했습니다. 일이 없으면 하루에 15시간씩 책만 읽었습니다. 어느새 집에는 책만 5,000여 권이 쌓였고, 그 사이 그의 삶은 조금씩 달라졌으며, 의욕이 생겼고. 무언가 마구 저지를 수 있을 것 같은 자신감이 차올랐다고 합니다.

그는 지금도 매일 도서관으로 출근해서 책을 읽는 것으로 하루를 시작합니다. 식당, 방송, 강연 등 다양한 사업과 활동을 하고 있는데, "책을 읽기 전에 했던 사업은 다 망했어요. 책을 읽고 나서 한 사업은 다 성공했어요"라고 했던 인터뷰도 있습니다. 고명환처럼 매일 독서하기를 3개월만 실천해보면 어떨까요.

독서가 좋다는 것을 알겠는데, 어떻게 하면 부담 없이 독서를 꾸준히 할 수 있을까요? 정답은 책과 가까워지도록 독서 방법과 독서에 대한 생각을 바꿔야 합니다.

책을 처음부터 읽는다는 편견을 버려야 합니다.

스토리텔링이 중요한 소설의 경우는 처음부터 읽어야겠지만, 우리가 어떤 책을 읽을 때 반드시 첫 장부터 읽을 필요는 없습니다. 보통 책 목차를 보다가 흥미가 생기는 부분부터 읽어도 전혀 이상하지 않습니다. 읽고 싶은 부분만 읽고 관심이 안 생기면 읽지 않아도 됩니다.

모든 글을 꼼꼼히 읽을 필요는 없습니다.

책을 처음부터 끝까지 읽어야만 책을 제대로 읽었다고 생각하는 것부터 버려야 합니다. 책을 쓴 저자들이야 자기가 쓴 책이니 몇 페이지에 무슨 내용이 있는지까지 기억하겠지만 독자들은 그럴 필요가 없습니다. 책 한 권을 사서 대충 쓱쓱 읽어나가다가 문득 어떤 한 문장이 큰 감명을 가져다줬거나 몰랐던 사실을 알게 됐다면 그것만으로도 충분합니다. 대충 읽었는데 무슨 소린지 모르겠으면 지금은 본인과 맞지 않는 책입니다.

책의 내용을 외우려고 하지 맙시다.

독서를 나름 열심히 하는 사람들이 항상 두려워하는 것은 책은 열심히 읽었는데 머리에 남는 게 별로 없을 때입니다. 인간은 망각하는 동물이기 때문에 특별한 암기 능력이 없는 한 계속 배우고 까먹게 되어 있습니다. 책을 읽은 후 책의 대략적인 주제와 콘텐츠의 성격만 떠올릴 수 있다면 해당 주제와 관련한 문제가 생겼을 때 우리는 누구보다 빨리 어떤 책을 봐야 해결책을 찾을 수 있는지 알 수 있는 경쟁력을 갖게 되기 때문입니다.

《감사 메일 33》

100감사 쓰기 클래스에 여러분을 초대합니다

다들 감사일기 열심히 쓰고 계시지요. 1일 5감사일기 쓰기가 습관이 되신 분도 있을 것이고, 습관화 중인 분들도 계시리라 생각합니다.

주변 동료들에게 "사랑하는 사람 하면 누가 떠오르시나요"라고 묻는다면, 대부분 "엄마, 아빠, 아내, 남편, 자식"이라고 하겠지요. 이렇게 사랑하는 사람에게 그동안 "감사하다, 고맙다, 존경한다, 계속 오랫동안 보고싶다"와 같은 말을 한 사람이 얼마나 될까요. 동료와 지인들께 여쭤보니, "쑥스럽게 그런 말을 어떻게 하냐" 또는 "당연한 것을 왜 말하나" 등의 반응이 많았습니다. 반면, 일부는 전에는 사랑했으나, 지금은 사랑보다는 미움과 갈등이 많은 사이가 되어 그런 말을 할 수 없는 경우도 가끔 봤습니다.

사랑하는 사람에게 존경, 사랑, 감사했던 일들 100가지를 쓰는 '100감사 쓰기'에 한 번 도전해 보는 것은 어떨까요. 처음 100감사를 시작할 때는 부모님이 좋다고 합니다. 상대적으로 쓸 내용이 많으니까요. 부모님께 100감사를 쓰다보면 자기도 모르게 감정이 복받쳐 우는 분들도 많다고 합니다.

회사가 주관하는 '100감사 쓰기 클래스'가 오늘 오후 1층 강당에서 열립니다. 초청대상은 마곡동 이노센터에 근무하시는 분들입니다. 20분 동안 100감사 쓰는 방법 등에 대해 교육받으시고 사랑하는 사람에게 100가지 감사를 직접 써 보시지요.

100감사를 완성하시면 예쁘게 달력으로 만들어 드립니다. 사랑하는 분께 100감사 내용이 적혀 있는 달력을 전달한다면 어떤 일이 벌어질까요. 아마도 서로 벅차서 감사의 눈물을 흘릴 겁니다. 감사합니다.

《감사 메일 35》

100감사 쓰기

가족, 회사 동료, 친구 중 한 사람을 정해서 그동안 같이 지내면서 겪었던 일 중 감사하다고 생각되는 것 100가지를 쓰는 것입니다. 특정한 한 사람에 대한 100가지 감사를 간략한 한 줄 문장으로 쓰는 경우가 많습니다만, 3~5줄 정도의 장문으로 100가지를 쓰는 사람도 있습니다. 100감사를 쓰다 보면 그 사람에 대해 그동안 잊고 살았던 고마운 일들을 다시 생각나면서 가슴 벅찬 기쁨을 맛보게 됩니다. 한편, 쓴 사람보다 받는 사람이 더 큰 감동을 받는다고 합니다.

삶에　도움이　되는
9가지　해법

'세월이 유수와 같다(세월이 흐르는 물처럼 빨리 지나간다).' 젊었을 때는 느끼지 못했으나 나이가 들면서는 월말이 되면 '이번 달에 뭐를 했지', '왜 이리 시간이 빨리 가지'하는 생각을 자주합니다.

요즘 일어나자마자 아침 루틴을 실천하면서부터 하루 시작이 부산하지 않고 좀 더 차분하게 진행되는 것에 매우 감사하고 있습니다. 어제는 편하게 누워서 복근의 힘으로 상체를 일으켜 세워봤는데, 자연스럽게 올라왔습니다. 아침마다 철봉에 잠시 매달려서 다리 들어올리기(행잉 레그 레이즈)를 했을 뿐인데, 몸에 큰 변화가 오고 있음에 놀랐습니다.

오늘은 우연히 알게 된 '삶에 도움이 되는 9가지 생각'을 공유해보려 합니다.

① 생각이 많을 때? 살다보면 이걸 해야 하나, 저걸 해야 하나, 어떻게 하지 등으로 생각할 일이 많잖아요. 그럴 때는 우선 '적어보라'입니다.

② 잠이 오지 않을 때? 피곤한데 잠이 안 오면 계속 누워서 자려고 하지 말고, '책을 보라'고 합니다. 전자책은 오히려 잠을 방해하니 비추입니다.

③ 결정이 어려울 때? 결정 장애는 많은 이들이 갖고 있는 병인데요. 그럴 때는 '조용히 걸으라'고 합니다.

④ 무기력할 때? 디프레스가 되어 힘이 없고 누워만 있고 싶을 때는 '가장 좋아하거나 잘하는 것을 시작하라'고 합니다.

⑤ 목표가 맞는지 확신이 안설 때? 세상에 시작단계부터 확신하면서 할 수 있는 일이 얼마나 있겠습니까. '굳게 믿으면서 시작하라'고 합니다.

⑥ 집중이 어려울 때? 조용히 '명상'을 하랍니다. '108배 하기'도 좋다고 합니다.

⑦ 포기하고 싶을 때? 바로 포기하지 말고 '딱 한 번만 더 해보자'고 하면서 다시 도전합니다.

⑧ 누군가 미울 때? 많이 들으셨을 텐데 오히려 '용서하라'고 합니다.

⑨ 마지막으로 아무 일이 없을 때? 아무 일 없이 하루를 보낼 수 있게 해주심에 '감사하라'고 합니다.

《감사 메일 38》

'능동감사를 왜 열심히 해야 하는가'라는 질문에 저는 '행복해지기 위해서'라고 답하겠습니다. 그러나 저마다 처지, 나이 등에 따라 '행복하다'는 기준이 다를 것 같습니다. '행복의 조건이 뭘까'하고 찾다보니 '하버드 그랜트 연구'를 바탕으로 발간된 『행복의 조건』이란 책을 알게 됐습니다.

이 연구는 1938년 미국 하버드대 학부 2학년 남학생 268명을 대상으로 시작된 역사상 가장 긴 장기간 종단(縱斷) 연구이며, 연구비를 후원한 윌리엄 그랜트의 이름을 딴 것입니다. 성공적인 삶을 위한 심리학적 비결을 탐구하기 위해 이뤄진 연구이며, 연구 대상을 하버드대 268명 학생들 외에도 캘리포니아 도시지역에 사는 아이큐 140 이상의 천재 여학생 90명, 청소년 범죄를 저지르지 않고 고등학교 중퇴 뒤 자수성가한 남성 456명 등으로 확대하여 현재까지도 연구가 진행 중입니다.

이 연구는 해당 참가자들의 대학 시절부터 노년에 이르기까지 85년 넘게 관찰하면서 이들이 신체적·정신적 건강을 어떻게 유지하는지를 관찰했습니다. 해당 연구는 세 번째 연구 책임자였던 조지 베일런트 교수가 2009년 미국 시사 월간지 「애틀랜틱 먼슬리(Atlantic Monthly)」 6월호에 연구 결과를 출판하면서 세계적으로 화제를 모았고, 우리나라에는 2010년 『행복의 조건』이라는 책을 통해 연구 결과가 알려졌습니다.

연구 결과는 건강한 노후를 결정하는 행복의 조건으로 ① 비흡연이거나 짧은 흡연 기간 ② 알코올 중독경험 없음 ③ 안정적 결혼생활 ④ 규칙적인 운동 ⑤ 알맞은 체중 유지 ⑥ 대학교육 이수 ⑦ 성숙한 방어기제 발달을 꼽았습니다.

특히 성숙한 방어기제를 발달시키는 것이 행복한 삶의 중요한 요인으로 보았습니다. '방어기제'란 두렵거나 불쾌한 상황에 직면했을 때 자신을 방어하기 위하여 자동적으로 취하는 행위입니다. 미성숙한 방어기제의 대표 사례는 회피(도피)이며, 성숙한 방어기제란 불편한 상황에 직면해도 긍정적인 면을 보며 '인내(억제)'하거나, 불편함을 너무 심각하게 여기지 않는 '유머'를 갖거나, 창조적 활동으로 '승화'시키거나, 불편함으로 남에게 화풀이하기보다 남을 배려하는 '이타주의'를 보이는 방어기제입니다.

성숙한 방어기제뿐만 아니라 안정적 결혼생활처럼 친밀한 인간관계 역시 행복한 삶의 중요한 조건이라고 강조합니다. 최근 미혼 1인 가구가 급증하면서 결혼이 아닌 다른 형태의 친밀한 유대감을 갖는 관계성이 중요해지고 있습니다. 친밀한 유대감을 갖는 관계는 그냥 생기는 것이 아니라 자신의 여가시간, 비용, 심신 에너지를 써야 만들어집니다.

이 연구에서는 행복하고 건강한 노년의 삶과 직접적 관련이 없는 요인도 밝혔는데 조상의 수명 길이, 부모의 특성, 유년기 성격 등입니다. 다시 말해 행복하고 건강한 노년이 되는데 조상이나 부모 영향력보다 자기 스스로 노력해서 행복해지는 삶의 조건을 만들어가는 것이 훨씬 더 중요하다는 것입니다.

여러분은 이 7가지 조건 중 몇 개에 동그라미를 칠 수 있을까요. 저는 최소한 5개를 안정적으로 만들도록 노력을 해보려고 합니다. 특히 좋은 관계, 건강한 신체, 끊임없는 지적 호기심을 갖고 사는 것이 무엇보다 중요하다는 생각이 듭니다. 감사합니다.

《감사 메일 39》

<100감사 쓰기 클래스>를 2회 개최한 후, 계열사의 능동감사 퍼실리테이터 몇 분들과 '100감사 클래스 참석자 현황과 어떻게 하면 능동감사문화를 활성화시킬 것인지, 혹시 본인들의 일상적인 변화는 뭔지' 등에 대해 얘기를 나눴습니다.

공통점을 발견했는데, 다들 20분 정도 아침 루틴을 꾸준히 하고 있으며, 예상외로 효과가 크다고 했습니다. 전과 달리 회사 출근을 서두르지 않게 됐고, 출근 전에 오늘 할 일에 대해서 생각하다 보니 사무실에 도착해서 일을 하는 데도 여유가 생겼고 계획성있게 일처리를 하게 되었다는 것입니다. 당연히 기상하면서 짧은 스트레칭 루틴을 하다보니 몸도 상쾌하다고 했습니다.

아침 루틴과 관련된 자료를 찾다보니 『모닝 루틴(스카모토 료

지음, 2020)』과 스탠퍼드대 신경과학자 앤드류 후버만 교수의 『모닝 루틴 전략』을 알게 됐습니다.

스카모토 료는 고등학교 시절 퇴학 직전의 문제아였으나, 아침 시간을 잘 활용하는 능력을 갖추면서 고등학교 3학년 봄부터 대입 수험 준비를 시작, 일본 명문대학 경제학부에 합격했고, 이후 영국 케임브리지대학원에서 심리를 전공, 수석 졸업했습니다. 이후 심리학에 기반한 지도법으로 글로벌 리더를 전문적으로 육성하는 'GL아카데미아'를 설립해서 모닝 루틴을 전파하며 수강생들의 삶을 변화시키고 있습니다. 그는 아침 5분은 밤 1시간과 같다면서, '인생의 터닝 포인트는 아침에 찾아온다'며 최고의 집중력을 활용하는 모닝 루틴 만들기를 주장하고 있습니다. 아침이 행복해지는 습관에는 하루를 설레게 만드는 '작은 습관'이 포함되어 있어야 하며, 저자는 홍차를 예로 들고 있습니다. 자기 전에 '내일 아침은 어썸(ASSAM) 홍차를 마셔야지'라는 간단한 행위가 기분 좋게 일어날 수 있는 매개체가 되었다고 했습니다.

스탠포드대학의 앤드류 후버만은 '아침은 하루의 시작이며 에너지를 충전하는 중요한 시간'이라면서, 아침 루틴이 뇌의 가소성을 촉진하고, 스트레스와 불안감을 줄이며, 집중력과 생산성을 높이는 데 도움을 준다고 말합니다. 그러면서 권하는 아침 루틴 항목은 ① 일어나면 햇빛을 10분 정도 쬐라 ② 수분과 전해질 보충을 위해 물에 약간 소금을 넣어서 마시라 ③ 아침에 간헐적 단식을 하라 ④ 명상과 호흡 운동 하기 ⑤ 카페인 늦게 섭취하기 ⑥ 운동하기 등을 포함하라고 합니다.

출근하기 바쁜 직장인의 아침 루틴은 길어야 20~30분 정도여서 뭘 넣을까 고민이 많을 것입니다. 전문가들은 자신에게 적합한 것을 찾아서 차츰 추가해 나가라고 합니다. ① 우선, 설레게 할 수 있는 것 하나를 포함시켜라 ② 점진적으로 루틴 항목을 추가하라 (예: 이불 개기, 운동, 명상, 스트레칭, 5분 하루 계획 등) ③ 루틴을 지속할 수 있는 환경을 조성하라(예: 주변사람에게 알려라, 매일 루틴 활동을 적어라) 등입니다.

저는 매일 20분 정도 아침 루틴을 지속하고 있습니다. ① 규칙적인 기상 시간 정하고 일어나기 ② 침대에서 이리저리 몸 스트레칭 하기 ③ 이불 개기 ④ 물 한 잔 마시기 ⑤ 문틀 철봉에 매달려 스트레칭 및 행잉레그레이스 하기 ⑥ 3분 양치와 샤워 하기 ⑦ 연한 원두커피 한 잔 마시기.

임직원 여러분, 바쁘시겠지만 본인만의 아침 루틴을 만들어보시면 어떨까요. 여러분의 건강과 발전을 위하여….

《감사 메일 40》

오늘 아침 직원 몇 분으로부터 빼빼로와 추억의 도넛을 받았습니다. 11월 11일 빼빼로 데이입니다. 바쁜 가운데 이렇게 챙겨주시니 감사합니다. '1111' 이 숫자를 보면 우선 기분이 좋아집니다. 운전 중 앞차 번호판의 1자 3개를 보면 기분이 좋고 4개를 보면 대박이라고 해 로또를 구매하고 싶은 충동을 느끼기도 합니다.

화이트 데이, 로즈 데이 등등. 매월 기념일도 참 많습니다. 젊은 연인들의 얄팍한 주머니를 털어가려는 상인들의 상술이라는 말도 있습니다만, 사랑하는 가족, 연인들끼리 작은 선물을 매월 주고받으며 서로의 사랑을 확인하는 계기로 삼는다면 이 또한 삶의 큰 힘과 활력소가 될 것이라는 생각이 듭니다.

매월 돌아오지만 헷갈리는 OO 데이! 월별 OO 데이를 정리해

볼까요.

- **1월 14일 다이어리 데이**
  _1년 시작을 기념, 응원하며 다이어리를 선물하는 날입니다.
- **2월 14일 발렌타인 데이**
  _ 좋아하는 남자에게 초콜릿을 주면서 고백하는 날입니다.
- **3월 3일 삼겹살 데이** _ 삼겹살을 먹는 먹방 데이입니다.
- **3월 14일 화이트 데이** _ 좋아하는 여자에게 사탕을 주며 고백하는 날입니다.
- **4월 14일 블랙 데이** _ 솔로인 사람들이 모여 자장면을 먹는 날입니다
- **5월 14일 로즈 데이** _ 사랑하는 사람에게 장미를 선물하는 날입니다.
- **6월 14일 키스 데이** _ 설명이 필요 없겠죠.
- **7월 14일 실버 데이**
  _ 연인들끼리 실버제품(은반지 등등)을 교환하는 날입니다.
- **8월 14일 포토 데이** _ 사랑하는 사람들과 사진 찍는 날입니다
- **9월 9일 구구 데이** _ 치느님은 영원하다! 닭고기 먹는 날입니다.
- **9월 17일 고백 데이** _ 크리스마스 100일 전이라네요. 이런 날도 있습니다.
- **10월 14일 와인 데이** _ 와인 먹는 날입니다.
- **11월 11일 빼빼로 데이** _ 설명 불필요.
- **12월 14일 허그 데이** _ 서로 포옹하는 날입니다.

이렇게 정리하고 보니 매월 챙겨야 하는 각종 데이들이 참 많습니다. 바쁘시겠지만 가족들에게 작은 선물을 주면서 사랑과 존경을 표하며 사는 것도 또 다른 재미가 있을 것 같네요.

《감사 메일 44》

출근하려고 나와 보니 하얀 설국입니다. 간밤에 대설 주의보가 내렸더군요. 다들 출근하느라 평소보다 힘드셨을 텐데, 그래도 그렇게 춥지는 않아 다행이었습니다. 속담에 '눈발이 잘면 춥고 눈발이 크면 따뜻하다'고 하는데, 어제는 눈발이 큰 함박눈이 내려서인지 따뜻했던 것 같습니다.

눈(Snow)은 크기, 형태, 그리고 내리는 방식에 따라 부르는 이름이 다릅니다. '함박눈', '가루눈', '싸라기눈', '진눈깨비' 등.

'함박눈'은 여러 개의 눈 결정이 달라붙어 눈송이가 매우 크고, 천천히 내립니다. 큰 눈송이는 풍경을 아름답게 장식하고, 눈이 많이 쌓이는 경우가 많습니다. 함박눈은 온도가 상대적으로 높은 지역에서 자주 나타날 수 있으며, 눈이 내리는 양도 많그 고르게 쌓입니다. 오늘 아침에 내린 눈이 함박눈입니다.

'가루눈'은 눈송이가 작고 가벼워서 바람에 쉽게 날리며, 눈이 내리는 양은 적고, 쌓이는 속도도 상대적으로 느립니다. 온도가 매우 낮고 건조한 환경에서 자주 발생하며, 스키장이나 고산지대에서 흔히 볼 수 있는 눈입니다. 부드럽고 가벼운 특성 덕분에 스노보드나 스키에 적합한 눈입니다.

'싸라기눈'은 눈송이가 작고 날카롭고, 때로는 작은 얼음 결정이 섞인 눈입니다. 이 눈은 대개 바람이 강하게 불거나 기온이 급격히 변할 때 내리며, 보통 눈이 내리는 양은 많지 않고, 빠르게 흩어지는 경향이 있습니다. 싸라기눈은 길거나 넓게 쌓이지 않고, 표면에 얇게 퍼지는 특성이 있습니다.

'진눈깨비'는 눈과 비가 함께 내리면서 눈송이가 녹아 물방울처럼 떨어지게 됩니다. 진눈깨비는 바닥에 쌓이기보다는 녹아서 미끄러운 상태가 되거나, 물기가 많은 눈이 됩니다. 기온이 0°C 전후일 때 발생하며 겨울철에 자주 발생합니다.

눈의 결정은 어느 정도 크기며 종류가 몇 개나 될까요? 통상 2mm 정도의 크기로 대개 육각형의 형태이지만 가지가 뻗어나간 모양이 조금씩 달라 약 3,000종이 넘습니다. 미국의 사진작가였던 윌슨 벤틀리(1865~1931)가 현미경에 카메라를 달아 평생 찍은 3,000여 종의 눈 사진을 1931년 『눈 결정(Snow Crystal)』 사진집으로 출판해서 알려졌습니다.

함박눈이 내려서인지 퇴근시간에도 기온이 영하로 떨어지지는 않을 것 같습니다만, 양지가 아닌 곳은 살얼음이 얼어 미끄러울 수 있습니다. 퇴근하실 때 조심조심 넘어지지 않도록 하세요. 오늘 저녁부터 내일 아침까지 또 눈 예보가 있습니다. 한밤에는 기온이 영하로 떨어진다고 하니 내일 아침은 단단히 무장해서 입고 조심히 출근해야 할 것 같습니다. 감사합니다.

《감사 메일 55》

다다익선(多多益善). 많으면 많을수록 좋다는 고사성어입니다. 많이 할수록 본인과 가족, 주변 사람들에게 좋은 소소한 것들에 대해 생각해 봤습니다.

① 잠을 충분히 자야 합니다. 사람마다 다를 수는 있겠지만 최소한 7시간은 자야 합니다.

② 규칙적인 아침 루틴을 합시다. 기상해서 이불 개기, 스트레칭, 물 마시기 등 규칙적인 아침 루틴을 함으로써 기분 좋은 하루를 준비하는 것입니다.

③ 독서입니다. 시간을 내기 힘들면 지하철, 버스 등에서 책을 보거나 책을 읽어주는 앱 등을 듣는 것도 좋을 듯합니다.

④ 인사하기입니다. 출근해서 동료들과 활기차게 '굿모닝, 좋은 아침'하고 인사를 합시다.

⑤ 출근해서 행복일기를 씁시다. 행복일기의 좌측 페이지는 꼭 체크해 보시고, 우측 페이지에는 감사일기를 한 개 이상 써보는 것입니다

⑥ 자주 웃도록 합시다. 즐거운 일이 있거나 재미있는 영상을 보게 될 때 뒤센미소(입과 눈이 함께 움직이는 진짜 미소)를 지어 보시지요.

⑦ 가족에게 사랑의 메시지를 보냅시다. 매일 아침인사 또는 오늘도 활기차게 지내자는 톡이나 메시지를 보내는 것입니다.

⑧ 주변 사람들을 자주 칭찬하고 격려합시다.

⑨ 매사에 감사합시다. 특히 '그럼에도 불구하고' 또는 '천만다행인 경우'에도 감사할 수 있도록 노력합시다.

⑩ 운동하기입니다. 행복해지려면 감사일기와 운동을 꼭 병행하라고 하잖아요. 주 3회 이상 진땀을 흘려 봅시다.

⑪ 스스로를 자주 칭찬하고 격려하며, 가끔 선물을 합시다.

쓰다 보니 11개나 되네요. 매일 이 중 몇 개라도 열심히 실천하다 보면 본인도 행복해지고 주변사람들도 많이 행복해질 것으로 믿습니다. 감사합니다. 《감사 메일 60》

<table>
<tr><td>3</td><td>0</td><td>감</td><td>사</td><td>부</td><td>터</td><td></td><td>쓰</td><td>다</td><td></td><td>보</td><td>면</td><td></td><td></td></tr>
<tr><td>5</td><td>0</td><td>감</td><td>사</td><td>,</td><td>7</td><td>0</td><td>감</td><td>사</td><td>,</td><td></td><td></td><td></td><td></td></tr>
<tr><td>1</td><td>0</td><td>0</td><td>감</td><td>사</td><td>도</td><td></td><td>쉽</td><td>겠</td><td>죠</td><td></td><td></td><td></td><td></td></tr>
</table>

어제 화성공장과 홍성공장을 다녀왔습니다. 마곡에 근무하시는 분들은 10월말~11월초 열린 <100감사 쓰기 클래스>에 참여해서 직접 써보셨는데, 지방 공장에 계신 분들은 그렇지 못했습니다. 그래서 금년이 가기 전에 직접 100감사 쓰기에 도전해보는 시간을 드리려 다녀왔습니다.

화성·홍성공장 관리직원 중에는 젊은 분들이 상대적으로 많습니다. 그래서인지 능동감사문화에 대해서 열린 마음으로 적극 참여하고 계시더군요. 공장 사정에 따라 퍼실리테이터들이 주도하여 다양한 능동감사 캠페인을 펼치고 있었고, 지역주민들을 대상으로 하는 봉사활동과 선행활동도 병행하고 있었습니다. 반면에 100감사를 써보신 분은 많지 않았습니다. 누구에게 무슨 내용을 써야 하는지에 대해서 궁금해 하시더군요. 외부 강사님의 슬라이드 몇 장과 저와 이정석 대리의 경험을 공유하면서, 100감사 쓰기 도전에 대해서 직원분들과 공감의 시간을 가졌습니다.

결론은 바로 100감사 쓰기에 도전하지 말고, 우선 배우자, 자녀, 부모님께 30감사를 써서 전달해보자고 했습니다. 그 다음에 20개 추가해 50감사를 만들어 다시 한 번 전달해보고, 시간의 여유를 갖고 추가하다 보면 70감사나 100감사가 될 것입니다. 꼭 100감사가 아니더라도 점차 감사 분량을 늘려가는 도전을 해서 만들어진 감사 글을 여러 번 전달해보자고 했습니다. 소소한 행복 경험을 늘리는 것이 동기부여로 중요하다는 생각이 들었습니다.

등산 경험이 없는 사람을 대한민국에서 가장 경치가 좋으나 험하기로 유명한 설악산 공룡능선 등산에 데리고 가면, 그 사람은 언제 도착하냐는 질문만 계속할 것이고 지쳐 쓰러질 것입니다. 설령 공룡능선을 완주했을지라도 좋은 경치를 즐기지 못하고 힘들었다는 기억밖에 없을 것입니다. 그러면서 다시는 등산을 하지 않을 것이라 다짐할 것입니다.

100감사 쓰기도 마찬가지라 생각합니다. 처음부터 100감사에 도전하다 보면 완성하지 못하고 중도에 포기하는 사람들이 많을 수 있습니다. 처음 목표를 30감사로 잡고, 점차 분량을 늘려가다 보면 도전하는 모든 분들 중 많은 분들이 100감사를 완성할 수 있을 것입니다.

연말입니다. 직원 여러분들도 많이 바쁘실 것입니다만, 사랑하는 배우자, 자녀 또는 부모님께 30감사 혹은 50감사 글을 한 번 선물해 보십시오. 글쓴이의 기쁨보다 받는 사람이 더 행복해하고 감동하는 모습을 보게 될 것입니다. 《감사 메일 62》

시 작 이 　 반 이 다 　 v s .
9 0 % 가 　 반 이 다

우리 속담 중 연초에 많이 듣는 말이 '시작이 반이다'입니다. '어떤 일을 시작하기 어렵지, 일단 시작했다면 절반은 한 것이나 마찬가지다'는 말입니다. 준비를 철저히 하고 심사숙고해서 일을 추진했다는 전제가 있을 때 쓰는 말인 듯합니다만, 그렇지 않은 경우에도 격려차원에서 남용되는 경향이 있는 것 같습니다.

반면, 연말에는 마무리가 중요하다면서 '행백리자 반구십(行百里者 半九十)'이란 고사성어를 많이 이야기합니다. '100리길을 가는 사람은 90리 왔을 때 이제 겨우 절반쯤 왔다고 생각하라'는 뜻으로, 마무리 10%가 전체 일의 완성도에 있어서 50%를 차지할 정도로 중요하다는 의미입니다. 이 고사성어는 중국 전국시대에 진나라 무왕의 교만함을 걱정한 신하가 왕에게 충언한

데서 비롯된 말입니다.

　12월도 중순에 들어섰습니다. 마무리 시간입니다. 연초에 일을 시작할 때는 준비하고 계획을 세우느라 힘들었습니다. 작년과는 뭔가 다르게 시도해보려는 고민이 많아서 시작하기가 힘들지 않으셨는지요. 마무리가 힘든 것은 1년 동안 쉬지 않고 매진하다 보니 심신이 지친 것도 있고, 유종의 미를 거두려는 큰 책임감이 발동했기 때문일 수도 있을 것입니다. 이럴 때 필요한 것이 바로 같이 일하는 동료들의 따뜻한 격려와 칭찬일 것입니다. 서로 마무리 잘 하시라고 엄지척 하시면서 힘찬 기운을 불어넣어 주시면 감사하겠습니다.　　　　　　　　　　　　　　　《감사 메일 63》

정리정돈의 751법칙을 아시나요

751법칙이라고 들어보셨는지요. 오늘 아침 출근 길에 경제신문 도쿄 특파원을 지냈던 분이 유튜브에서 얘기하시던데, 미니멀 라이프에 관련된 내용입니다. 일본에서는 '斷舍離(끊을 단, 버릴 사, 이별할 이)'라고 하는데, 필요 없는 것은 끊고 불필요한 물건은 과감히 버리는 등 물건에 대한 집착과 이별하는 것입니다.

젊은 시절에는 충동적으로 사서 집안 여기저기 보관하는 것들이 많은데, 그러다 보면 집이 좁다고 느껴지면서 불필요한 것들을 버리고 집을 정리정돈해서 효율적으로 사용하는 사람들이 많아집니다. 집에 있는 옷장, 수납장, 장식장 등의 물건을 정리하는 방법으로 '751법칙'이 있습니다. 일반 가정집의 장롱이나 이불장 등을 보면 대부분 꽉 채워진 경우가 많습니다. 그것을 이제 30%

여유 공간을 두고 70%만 채우고, 보이는 수납장은 50%만 채우고, 장식장은 10%만 쓰고 90% 공간은 남겨두는 것이 751법칙입니다.

연말연초가 되면 집안 대청소 또는 정리정돈을 하는 분들이 많습니다. 옷장, 장식장 등을 정리할 때 751법칙을 한 번 시도해 보시는 것은 어떨까요.

미니멀 라이프를 추구하는 사람들과 관련된 기사를 본 적이 있는데, 출근용 옷은 5~7세트로, 겨울 코트는 2~4벌로 제한하거나, 신발장의 구두와 운동화, 우산 개수를 줄이거나, 화장실 슬리퍼를 없애거나, 샤워 부스의 목욕 용품 개수를 제한합니다.

그런데 살다보면 버리는 것이 정말 힘듭니다. 추억이 깃든 물건들이 많다 보니까요. 인간관계도 '회자정리(會者定離)'라 하잖아요. 물건도 마찬가지일 듯합니다.

《감사 메일 64》

물건버리기 기준 설정하기

- **사용빈도**　　　　1년 이상 사용하지 않은 물건
- **기능성**　　　　　고장났거나 수리가 불가능한 물건
- **감정적 가치**　　　더이상 의미가 없어진 물건
- **중복성**　　　　　비슷한 기능의 물건이 여러 개 있는 경우
- **공간효율성**　　　보관 공간을 과도하게 차지하는 물건
- **사이즈 부적절**　　살쪘는데 다이어트하고 입겠다는 의류

똑부 직원에 맞는 상사는…

사람의 총명함과 근면성을 표현하는 단어로 똑똑하다, 멍청하다, 부지런하다, 게으르다가 있습니다. 이것을 조합해 보면, 회사 동료는 4가지 유형 중 하나입니다.

똑게형: (똑)똑하고 (게)으른 사람 ▮ 똑부형: (똑)똑하고 (부)지런한 사람
멍게형: (멍)청하고 (게)으른 사람 ▮ 멍부형: (멍)청하고 (부)지런한 사람

최고의 상사는 어떤 형일까요? 똑똑한 사람이어야겠죠. 그럼 게으른 사람(똑게형)과 부지런한 사람(똑부형) 중 하나겠네요. 정답은 똑게형입니다. 똑똑하고 전문성이 뛰어나며 조직의 나아갈 방향을 잘 알고 있으며, 게으르기 때문에 합리적으로 처리하며 불필요한 일을 벌이지 않으며 닥달하지도 않습니다. 일상에 여유가 있고 창의적이며 지혜로운 리더형입니다.

한편, 똑부형 상사는 똑똑해서 직원들이 일하는 것이 마음에 들어 하지 않는 경우가 많으며, 부지런히(?) 계속해서 갈구는 경향이 있습니다. 지시한 일의 진행이 답답하면 직원들이 할 일까지 혼자서 다 해버려 본인은 매일 바쁘게 일하는 상사입니다. 그렇지만 직원들의 존경을 받지 못하는 경우가 많습니다.

최악의 상사는 멍부형입니다. 잘못된 결정을 내리면서 부지런히 일을 하게 만들며 조직을 위험에 빠뜨릴 수 있는 스타일입니다. 2차 세계대전 당시 임팔작전에서 부하 8만 명 중 전사자 3만 2,000명, 병사 또는 아사한 사람이 2만 명에 이르게 한 일본의 무타구치 렌야 장군 같은 사람이 전형적인 멍부형입니다.

그럼 최고의 직원은 어떤 형일까요? 똑게형이 최악이고, 똑부형이 최고입니다. 직원은 똑똑해도 게으르면 쓸모가 없습니다. 똑게형은 좋은 머리를 일에 안쓰고 빠져나가는 데만 쓰기 때문입니다. 잔머리만 굴려서 어떻게든 뺀질뺀질 빠질 궁리만 합니다. 겉으로 말만 나불거리면서 아는 척만 잔뜩 하다가 정작 자기 손으로 궂은 일을 해야 하는 상황은 요리조리 피해 갑니다. 빈 수레가 요란하다는 말이 딱 어울리는 타입입니다.

똑부형 직원은 척 하면 딱 알아듣고 일을 처리하는 업무능력자입니다. 이런 직원이 있다면 상사는 정말 편할 것입니다. 말하지 않아도 가려운 곳을 긁어주듯 알아서 척척 필요한 것을 조사하고 정리해서 상사에게 보고해주니까요.

회사에서 4가지 유형의 직원과 상사가 팀을 이룰 수 있는 조합은 16가지입니다. '어떤 유형의 직원과 상사가 최고의 궁합일까요'라고 질문하면, 아마도 많은 사람들이 똑부형 상사와 똑부형 직원이 같이 일하면 최고의 성과를 낼 것이라고 답할 것입니다. 하지만 이런 팀은 자석의 양극과 양극이 만나면 튕겨나가는 것처럼 궁합이 맞지 않는 경우가 많습니다. 똑부상사는 완벽한 논리로 설명하면서 업무를 쪼는데, 똑부직원도 같이 논리로 대들면서 맞짱을 뜨는 경우가 자주 발생합니다. 엄청난 시너지가 나오는 경우도 있으나 인간관계가 파탄나는 경우가 많습니다.

최고의 조합은 '똑게상사 & 똑부직원'입니다. 상사는 적당히 가이드를 주면서 업무를 지시하고 직원은 그걸 바탕으로 올바른 방향으로 높은 업무 성과물을 만들어내는 것입니다.

결국 사람은 자리에 맞게 일하는 방식을 조정해야 하는 것 같습니다. 직원일 때는 똑부형이었다가, 직급이 올라가게 되면 똑게형으로 말입니다. 여러분은 어떤 스타일이십니까? 《감사 메일 86》

6 6 일 법 칙 에 대 하 여

매일 출근해 커피를 마시러 5층 휴게실에 내려가면 항상 같은 장소에서 독서하고 있는 김 과장을 보게 됩니다. 2년 정도 계속 보면서 대단한 사람이라는 생각을 했습니다. '어떻게 하면 저렇게 독서 루틴을 습관화할 수 있을까'하고 말입니다.

어떤 행동이 습관으로 자리잡는 데는 평균적으로 66일이 걸린다는 '66일 법칙(습관형성 이론)'이 있습니다. 영국 유니버시티 칼리지 런던(UCL)의 필리파 랠리 교수 연구팀이 발표한 내용인데요. 사람에 따라 습관이 형성되는 데 소요되는 시일에는 차이가 있는데, 18일 만에 되는 사람도 있고 254일이 걸리는 사람도 있었습니다. 하지만 보통 사람은 어떤 행동을 66일 지속하면 습관화되어 더 이상 인지적인 노력 없이도 자동으로 작동한다고 합니다.

66일 법칙에 따르면, 김 과장은 아침 일찍 출근해서 5층에서 커피를 주문하고 조용히 독서를 하는 것이 완벽하게 습관화되었고, 이제는 본인의 의지와 관계없이 자동으로 하고 있을 것입니다.

그렇다면 66일 법칙에 따라 저에게 습관화된 것이 뭐가 있을까 생각해 보았습니다. 연초에 세운 계획 중 기상해서 출근 전 아침 루틴은 잘 지키고 있습니다. 아침 루틴은 작년 하반기부터 했으니 거의 9개월 정도 됐습니다. 아침에 일어나서 침대 위에서 이리저리 몸을 스트레칭하고 이불을 개고 간단한 문틀 철봉 운동하고 커피 마시고 출근하는 것 말입니다. 시간 날 때마다 맨몸 운동을 하는 것도 잘 하고 있습니다.

제 앞자리에 근무하는 김 부장은 거주 중인 57층 주상 복합 아파트 계단을 6개월 이상 매일 오르고 있습니다. 최근에는 매일 저녁 2회씩 오르고 있다고 합니다. 왜냐고 물으니 4월에 있을 롯데타워 123층 오르기 이벤트에 참가하려고 연습 중이라고 합니다.

66일 법칙과 관련된 책을 찾아보니 『66일 습관혁명』과 『66일 인문학 대화법』 두 권이 있습니다.

『66일 습관혁명』은 육군사관학교를 졸업하고 30년 동안 직업군인으로 근무한 후 건축시공기술사 자격증을 취득해 현재 건설사업관리단의 단장을 맡고 계시는 김주난 님이 쓴 책입니다. 58세에 독서를 시작해서 2년 동안 500여 권의 책을 읽고 독서, 쓰기, 관계, 운동, 의식의 중요성을 깨달았고, 그 경험을 바탕으로 인생변화를 위해 어떻게 노력해야 하는가를 기록했습니다.

개인이 원하는 변화를 이루기 위해 66일 동안 새로운 습관을 형성하는 방법을 안내하고 있으며, 작은 목표부터 설정하고 이를 66일간 지속적으로 실천함으로써 긍정적인 변화를 이끌어낼 수 있음을 강조합니다. 특히 목표 설정 시 구체적이고 측정 가능하며 현실적인 계획을 수립하라고 합니다. 예를 들면 1년에 몸무게를 5kg로 감량하려면, 월 0.4kg을 감량하는 중간목표를 정하고, 하루에 13g을 빼는 최소 목표를 달성하는 방법으로 매일 밥 한 숟가락 줄이기, 군것질 안하기, 음주량 줄이기, 출퇴근하면서 걷기 등의 구체적 실천과제를 정하라고 합니다.

인문 교육 전문가 김종원 작가가 쓴 『66일 인문학 대화법』은 부모의 말 습관이 아이의 삶에 미치는 영향을 다루고 있습니다. 부모의 따뜻한 말 한 마디가 아이의 삶을 긍정적으로 변화시킬 수 있음을 강조합니다. 부모가 66일 동안 하루 한 문장씩 따뜻한 대화를 실천하면, 부모와 아이 모두가 건전하게 성장하는 구체적인 방법들을 소개합니다.

여러분은 어떠세요? 연초에 세운 계획 중 습관화된 것이 많은가요? 아니면 그렇지 못한가요?

66일 법칙을 작동하게 하려면, 어떤 행동을 실천하는 데 있어서 잊어먹지 않고 언제나 쉽게 할 수 있는 방법을 만들어야 합니다. 우선, 목표 설정은 작은 목표를 정하고 점진적으로 발전시켜야 합니다. 행동의 반복과 일관성을 유지하기 위해 매일 같은 시간에 실천하는 것이 효과적입니다. 아울러 습관을 유지하기 쉬운 환경을 만드는 것이 중요합니다. 운동을 하려고 헬스장에 가는 것보다 집에서 간단하게 홈트 환경을 만드는 방법으로 달입니다. 일지를 쓰거나 체크리스트를 활용해서 기록하는 것도 중요합니다. 마지막으로 스스로에게 보상하는 시스템 만들기인데, 열심히 노력한 자신에게 스스로 선물하고 칭찬해서 꾸준히 할 수 있도록 상황을 만들어야 합니다. 《감사 메일 92》

위기 돌파 원동력은
능동적인 임직원!

삼성그룹이 부사장 이하 임원 2,000여 명을 대상으로 '삼성다움 복원을 위한 가치교육'을 했다는 뉴스가 눈에 확 들어옵니다. 대한민국 1등 그룹에서 주요 계열사들의 위기상황을 초래한 원인을 파악해 반성하고 다시 한 번 사즉생(死卽生)의 각오로 분발하자는 교육을 실시했다는 뉴스입니다. 교육 내용에는 고(故) 이병철 창업회장과 고 이건희 선대회장 등의 경영철학이 담긴 영상이 상영됐으며, 현재 그룹의 수장인 이재용 회장은 "삼성은 죽느냐 사느냐 하는 생존의 문제에 직면했다. 경영진부터 통렬하게 반성해야 한다"고 지적했습니다. 또한 "중요한 것은 위기라는 상황이 아니라 위기에 대처하는 자세다. 당장의 이익을 희생하더라도 미래를 위해 투자해야 한다"면서 기술의 중요성을 거듭 강조했습니다.

특히 이재용 회장은 "메모리 사업부는 자만에 빠져 인공지능(AI) 시대에 대처하지 못했다", "파운드리 사업부는 기술력 부족으로 가동률이 저조하다", "(TV·스마트폰·가전 등을 포괄하는) 디바이스경험(DX) 부문은 제품의 품질이 걸맞지 않다' 등등 삼성전자의 각 주요 사업부를 직접 언급하며 질책했습니다.

이재용 회장이 전체 임원들에게 사업부별 위기를 직접 지적한 것은 처음이라는데, "마누라 빼고 다 바꾸라"던 이건희 선대회장의 프랑크푸르트 선언만큼 엄중한 분위기였다고 전해집니다.

대한민국 경제계 1위 삼성그룹이 이 정도로 위기라고 진단할 정도면 다른 그룹 회사들의 상황은 말할 것도 없을 것 같습니다. 특히 트럼프 대통령이 취임하고 관세전쟁을 펼치면서 세계경제 성장률이 기존 전망보다 하락할 것으로 예상됨에 따라 국내 주요 수출 기업들의 어려움은 한층 가중될 것입니다.

우리 그룹은 일진전기가 미국, 유럽 등 전세계 주요국의 전력기기 부품 수요가 크게 늘면서 비교적 양호한 상황이지만, 다른 계열사들은 녹녹치 못한 처지입니다. 이에 모든 계열사 임직원들이 합심하여 품질을 개선시키고 시장을 넓히기 위해 노력 중입니다. 지금과 같이 대내외 경제여건이 어려운 가운데 연초 세운 목표를 달성하기 위해서는 임직원 모두가 사즉생의 각오로 도전하고 목표를 반드시 이뤄내겠다는 마음가짐이 무엇보다 중요합니다. 특히 능동적이고 도전적인 마음가짐이 더욱 요구됩니다.

그렇다면 능동적인 직원들은 어떤 사람일까요. 자신의 직무 분야에서 전문성을 갖추고 있으며, 지속적인 자기계발을 통해 역량을 강화하며, 이를 바탕으로 높은 성과를 이뤄내는 직원들입니다. 이들은 업무를 추진함에 있어서 시간관리를 효율적으로 하며, 명확하고 구체적인 목표를 수립하여 이를 달성하기 위해 노력합니다. 또한 동료들과 원활하게 소통하며, 협력을 통해 공동의 목표를 달성하려는 의지를 보입니다. 능동적인 사람은 대부분 매사에 긍정적이며 직장 내 관계가 매우 좋습니다.

그렇다면 능동적인 직원이 처음부터 능동적이었을까요. 태어날 때부터 능동적인 사람도 있겠으나, 대부분 살아오면서 능동적인 사람으로 변한다고 합니다. 관련 연구자료를 찾아보니 능동 교육을 실시하고, 환경을 조성하며 지속적으로 추진하면 능동적인 사람을 만들 수 있다고 합니다. 그래서 능동적인 사람을 만들려면 사고방식, 환경, 습관을 걸맞게 바꿔줘야 합니다.

사고방식 바꾸기는 ① 목표중심적 사고를 하고 ② 하는 일에 대해 책임감을 부여하며 ③ 도전을 즐기도록 만들어야 합니다. 구체적으로 살펴보면, 단순히 '뭘 해야 한다'가 아니라 '내가 원하는 결과는 무엇인가'를 생각하게 유도하는 목표중심적 사고를 하도록 교육해야 합니다. 자신이 하는 일의 의미를 찾게 하고 주인의식을 갖도록 해서 책임감을 부여해야 합니다. 또한 실패를 두려워해 머뭇거리지 않고, 이를 도전의 기회로 보도록 시각을 바꿔줘야 합니다.

능동적인 직원을 육성하려면 동기부여와 자율성이 보장되는 업무 환경을 만들어야 합니다. 일의 성과에 대한 적절한 인정과 보상 등이 이뤄져 직원이 흥미를 갖고 도전할 수 있는 환경을 만들어야 합니다. 그리고 강요가 아니라 자율적인 선택권을 보장해 주는 것도 중요합니다.

능동적으로 일하는 습관을 만들어 주려면 지속성이 매우 중요합니다. 작은 목표를 세워 실천해 소기의 성과를 내는 경험을 자주 갖게 하며, 성과에 대한 회사와 주변사람 및 본인 스스로의 긍정적인 피드백과 보상이 꾸준히 있어야 하며, 같이 일하는 동료들의 동참이 있으면 더욱 좋습니다.

요즘 능동감사문화를 정착시키기 위해 많은 임직원들이 노력하고 있습니다. 직원 스스로의 부단한 노력도 중요하지만 같이 일하는 동료들 모두가 같이 동참하고 회사 차원의 격려가 절실해 보입니다.

《감사 메일 93》

건강관리로
행복 라이프를…

지난주부터 전국적으로 폭우가 내리더니 폭염이 사라지고 어느새 가을이 다가왔습니다. 가을의 첫날이라는 추분(Autumn equinox)은 9월 22일이었습니다. Equinox는 낮·밤의 길이가 같다는 뜻의 라틴어에서 유래한 것으로, 'equi'는 equal, 'nox'는 night를 의미합니다.

올해 북반구 추분은 어느 나라에서나 9월 22일입니다. 지난해 추분은 9월 23일, 올해부터 향후 몇 년간은 계속 9월 22일이 될 것입니다. 9월 21일인 경우는 서기 1000년과 1931년뿐이었고, 다음 9월 21일 추분은 2092년에 올 예정입니다. 이처럼 추분 날짜에 차이가 나는 이유는 지구가 태양을 한 바퀴 도는 데 걸리는 시간이 정확하게는 365일 6시간 9분으로 달력보다 조금 더 길기 때문입니다.

　추분이 되면 지구가 공전 궤도에서 태양으로부터 멀어지기 시작해 낮은 짧아지고 날씨는 차가워집니다. 초록잎도 이제 형형색색 물들어 아름다운 단풍이 되고, 단풍 구경 시즌이 곧 올 것 같습니다. 잠시나마 폭염으로 지친 심신을 단풍 구경으로 재충전하는 것도 좋을 것 같습니다.

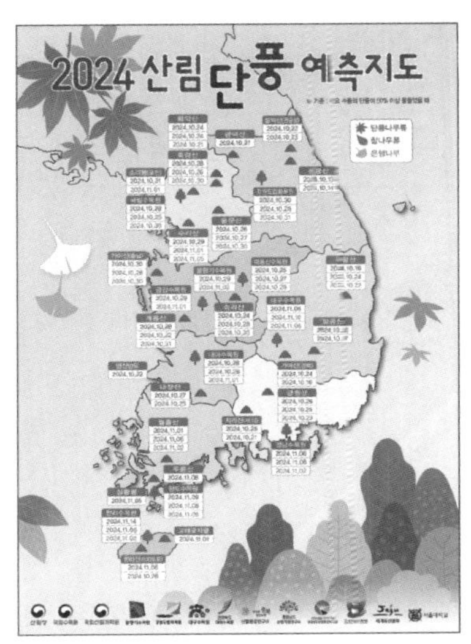

출처 : 산림청

　어제 기사에 따르면, 올해 폭염을 족집게처럼 맞추셨던 교수님께서 올 가을은 한순간에 지나가고 이른 겨울이 올 것이고 어마어마한 강추위가 될 것이라고 예보했습니다. 단풍 구경도 한철일 듯하니 날짜를 잘 챙겨봅시다. 저는 이번 주말에 서울을 벗어나 멀리 등산을 가보려 합니다.

　환절기입니다. 사무실 동료분들 중 몇 분은 기침이나 비염 등으로 고생하시는 것 같은데, 모두 환절기를 잘 이겨냅시다.

《감사 데일 22》

만 보 걷기도 좋지만 근육 늘리기부터

 건강하고 행복한 노년을 보내고자 하면 중년부터 근육연금을 부으라고 합니다.

며칠 전 동료 직원분들 건강관리 방법을 체크했더니 대부분 만 보 걷기를 하고 계시더군요. 만 보 걷기가 얼마나 좋은 건강관리법인지 알아보고 싶어서 여기저기 뒤져 보면서 의외의 사실을 알게 됐습니다.

우선, 만 보 걷기는 걷는 속도가 중요합니다. 속보 걷기는 매우 좋은 운동인데, 대화가 가능하고 땀이 나지 않을 정도로 천전히 걸으면 근육을 만들어내지 못한다고 합니다. 안하는 것보다는 좋지만 시간대비 가성비 있는 운동이 아니라고 합니다. 가만히 앉아서 TV를 시청하거나 대화하는 것의 3배 정도 칼로리를 소비하기 때문입니다.

최근 보험개발원이 발표한 자료에 따르면 우리나라 여자 성인의 평균수명이 여자 90.7세, 남자 86.3세입니다. 35년 전인 1989년에 처음 작성된 제1차 경험생명표와 비교했을 때 남성의 평균수명은 65.8세에서 20.5년 연장됐으며, 여성은 75.7세에서 15년 늘어난 것입니다.

현대아산병원 노년내과 정희원 교수는 노인건강 분야의 최고 전문가입니다. 유튜브에 여러 개의 동영상이 있는데, 200만 뷰가 넘는 것도 있습니다. 정 교수는 평소 "근육연금을 부어라. 노인성 치매를 예방하려면 매일 고기를 먹어라. 나이 들면 헬스장 가서 PT를 받아라" 등의 조언을 합니다. 노년의 건강하고 행복한 삶은 근육을 얼마나 오랫동안 유지하느냐에 달려 있다는 주장입니다.

수명이 늘어나면서 사람들이 많이 걱정하는 것 중 하나가 거동이 불편해져서 어쩔 수 없이 지불해야 하는 간병비용입니다. 정 교수는 근육을 오랫동안 유지하여 거동을 잘 한다면 이런 간병비용 걱정을 하지 않아도 되고, 오히려 간병이 필요한 분을 간병해주면서 돈까지 벌어서 돈 걱정 없이 살 수 있다고 주장합니다.

많은 분들이 나이가 들면 근육이 빠지고 힘이 약해지는 것이 당연하다고 생각합니다. 특히 나이 들어 비만해지면 안 좋다고 생각해서, 운동보다는 굶으면서 살을 빼려는 어르신들이 많습니다. 정 교수는 이렇게 하면 안 된다고 합니다. 굶으면서 빼는 살의 대부분이 근육이어서 처음 며칠은 몸이 가볍다고 느낄 수 있으나 수면부족, 식욕부진, 변비 등의 엄청난 부작용을 겪게 된다고 경고합니다.

30대까지 체중의 40~50%가 유지되던 전신 근육은 40대부터 신체 노화 등의 영향으로 매년 약 0.5%씩 감소하며, 매년 0.5%씩 줄어든 근육량은 60~70대가 되면 어느새 젊은 시절의 절반 수준까지 떨어지게 됩니다.

정 교수는 근육을 만드는 다양한 운동을 매일 자주 해보라고 권합니다. 사무실에서 의자를 잡고 스쿼트를 하거나, 책상을 잡고 런지를 해본다거나, 계단을 오른다거나, 집에서 플랭크를 하거나, 철봉에 매달리거나 등등의 근육을 유지하는 다양한 운동을 꼭 하라고 합니다.

젊은 직원분들에게는 남의 얘기처럼 들리겠지만, 우리 사무실 직원들 대부분이 40대 이상이라 건강한 미래의 삶을 준비하는 차원에서 근육 만들기를 실천해 봅시다. 나이 들어 아프면 본인만 힘들고 불행한 것이 아니라, 배우자와 자식들까지 힘들어집니다.

《감사 메일 26》

며칠 전 동료 직원들이 어떻게 운동을 하는지 공유했더니, 몇몇 분들이 제게 "모두에게 알려졌으니 이제 더 꾸준히 운동을 하게 됐다"라고 하시더군요. 저도 '좋은 일을 했구나'하는 생각이 들었습니다.

우리 직원들은 아침형 인간이 많습니다. 모두 빨리 나오시고, 심지어 일찍 출근해서 헬스장에서 아침운동까지 하는 분들이 여러 명입니다.

아침에 일어나서 출근하기 바쁘신가요? 아니면 건강한 아침 루틴을 챙긴 후 출근하시나요? 아침에 눈을 뜨고 맞이하는 시간은 우리의 하루를 결정짓는 중요한 순간입니다. 아침의 10여 분은 비록 짧은 시간이지만, 이 짧은 시간이 쌓여 우리의 건강과 행복에 큰 변화를 가져올 수 있다고 합니다. 유명한 CEO 분 중 건강한 아침 루틴을 갖고 계신 분들이 많다고 들었습니다. 애플의 팀 쿡은 새벽 4시에 기상하여 운동하며, 오프라 윈프리는 명상으로 하루를 시작한다고 합니다.

오늘은 매일 15분 정도로 할 수 있는 건강한 아침 루틴을 소개드립니다.

3분 규칙적인 기상 후 스트레칭

가능한 일정한 시간에 기상하도록 합시다. 잠에서 깬 후의 몸은 뻣뻣하게 굳어 있기 마련입니다. 그래서 첫 번째 단계는 기상 후 스트레칭입니다. 침대에서 일어난 직후 간단히 목과 어깨, 허리 스트레칭을 해보세요. 팔을 쭉 뻗고 깊게 숨을 들이마시며 몸을 늘려줍니다. 이 과정을 2분 정도만 해도 피로감과 뻣뻣함이 사라지고, 하루를 힘차게 시작할 준비가 된다고 합니다.

1분 미지근한 물 한 잔 마시기

잠에서 깬 후, 우리의 몸은 수분이 많이 부족한 상태입니다. 비타민과 미네랄의 부족을 예방하고, 장 기능을 돕기 위해서라도 아침에 일어나자마자 미지근한 물을 한 잔 마시는 습관을 들여보세요. 미지근한 물 한 잔은 몸의 수분 소모를 보충하고, 소화력도 높여준답니다. 또한, 물을 마시는 것은 하루를 시작하는 신호가 되어 정신적으로도 더 깨어나게 도와줍니다.

3분 짧은 명상

바쁜 아침에 잠깐의 여유를 가지는 것은 매우 중요합니다. 짧은 명상을 통해 마음을 가라앉히고 긍정적인 에너지를 충전해 보세요. 눈을 감고 깊이 숨을 들이마시고 내쉬며, 현재의 순간에 집중합니다. 생각이 떠오르더라도 그저 흘려보내고, 다시 호흡에 집중해 보세요. 이 명상 시간이 하루를 긍정적으로 시작하도록 도와줍니다.

5분 영양가 있는 초간단 아침 식사

아침 식사는 하루 에너지의 출발점입니다. 영양가 있는 간단한 아침 식사를 합시다. 바나나와 요거트를 함께 먹거나, 샐러드와 견과류를 곁들이는 것도 좋은 선택입니다. 건강한 아침 식사는 우리 몸에 필요한 영양을 공급하고, 정상적인 신진대사를 듭습니다.

3분 식후 양치질

양치질의 3.3.3 원칙을 지킵니다. 3.3.3 원칙은 하루어 3회 이상 식후 3분 이내에 3분 이상 양치질을 하는 것입니다.

　　이렇게 매일 15분의 아침 루틴을 통해 건강한 심신을 만들 수 있을 것입니다. 작은 시도가 큰 변화를 만들어냅니다. 건강한 아침 루틴을 실천하면서 심신의 긍정적인 변화를 경험해 보시지요.

《감사 메일 28》

'고강도 인터벌 트레이닝'에 도전해 볼까요

요즘 친구, 후배들을 만나면 건강 걱정들이 많습니다. 그런데 다들 운동할 시간을 내는 것이 쉽지 않다고 합니다. 운동을 한다는 것이 꼭 스트레칭, 유산소 운동, 근력운동 등을 다 해야 하는 것은 아닐텐데, 효율적으로 운동하는 방법이 있을텐데 말입니다.

운동을 짧게 하더라도 운동효과를 높이는 방법으로 '고강도 인터벌 트레이닝(HIIT; High-Intesity Interval Training)'이 있습니다.

고강도 인터벌 트레이닝은 강한 강도의 운동과 약한 강도의 운동을 교대로 수행하는 운동입니다. 일반적인 유산소 은동이 30분 정도 필요하다면 인터벌 트레이닝은 그보다 짧은 15분의 훈련만으로도 동일하거나 더 큰 효과를 얻을 수 있습니다. 따라서 시간이 부족한 현대인에게 매우 효율적인 운동 방식입니다.

고강도 인터벌 트레이닝은 심박이 최대로 도달할 정도의 고강도를 반복적으로 수행하는 것입니다. 달리기의 경우 '빠른 속도의 달리기(30초~1분 내외) - 적당한 속도의 달리기(1~2분 내외)'를 7~10세트 반복합니다. 적당한 속도로 달리는 '인터벌'을 두는 이유는 인간이 전속력으로 오래 달릴 수 없기 때문이며, 기력을 회복한 후 다시 전속력으로 달릴 수 있게 하기 위해서입니다.

처음 수행하는 사람은 저강도로 걷다 뛰기를 반복하는 것을 추천합니다. 운동 지속시간이 오래 가는 효과가 있기 때문입니다. 저강도의 브레이킹 타임을 가지는 것이 고강도로 계속 반복하는 것보다 더 능률이 좋으며 에너지를 보충하고 시간을 더 할애할 수 있기 때문입니다.

주로 달리기를 이용하지만 최대 심박 근처에 오를 수 있게 하는 운동이라면 어느 것이든 괜찮다고 합니다. 야외에서 운동할 여건이 안 된다면 실내자전거, 로잉머신, 일립티컬 등등 여러 실내운동에서도 시도해 볼 수 있습니다. 고강도의 운동 사이에 불완전 휴식을 넣어서 일련의 운동을 반복하는 신체훈련 방법이라 저·중강도의 운동보다 피로도가 높지만 훈련 효과는 크다고 합니다.

주요 효과는,

① **심폐 기능의 향상입니다.** 심장은 전신에 혈액을 내보내는 펌프 역할을 하는데 인터벌 트레이닝은 심장과 폐 기능에 큰 부하를 주는 트레이닝법으로 심폐기능 향상에 큰 효과를 보여줍니다. 심폐기능이 향상되면 한 번에 많은 혈액을 전신으로 내보내기 때문에 강도 높은 운동을 해도 쉽게 피로해지지 않습니다.

② **칼로리를 많이 소비합니다.** 인터벌 트레이닝은 지속운동에 비해 30% 더 많은 칼로리를 소모하기 때문에 같은 시간대비 더 많은 칼로리를 태울 수 있어 다이어트할 때 더 많은 효과를 얻을 수 있습니다.

③ **최대 산소 섭취로 덜 피곤합니다.** 운동 중에 우리가 마시는 산소를 최대치로 섭취할 수 있어 지구력이 향상되면서 더 빠르고 긴 거리를 달리게 될 수 있어 지구력이 향상되면 고강도의 운동을 지속적으로 하더라도 쉽게 피로해지지 않습니다.

④ **근력과 지구력을 동시에 향상시킵니다.** 인터벌 트레이닝은 단순히 유산소 능력만 향상시키는 것이 아니라 근육의 지구력과 힘도 함께 키워줍니다. 달리기, 스쿼트, 푸시업 등 다양한 운동을 섞어 실시하면 전신의 근육을 효과적으로 사용하게 되며, 근지구력도 함께 발전시킬 수 있습니다.

　하지만 주의사항도 있습니다. 인터벌 트레이닝은 다른 운동보다 강도가 높기 때문에 부상의 위험을 줄이기 위해 트레이닝 전 워밍업과 트레이닝 후 쿨 다운이 필요합니다. 운동하기 좋은 계절입니다. 인터벌 트레이닝 한 번 시도해 보시기 바랍니다.

《감사 메일 29》

‘호수공원 달리기 번개 행사’에 초대합니다

날씨가 선선해서 야외에서 걷거나 달리기 좋은 계절입니다. 얼마 전 보낸 감사 메일에서 매일 만 보를 걸을 때 속보로 걸으면 더 좋으며, 시간이 없으신 분은 ‘인터벌 트레이닝’에 도전해보는 것도 대안이라고 했습니다. 약간의 시간을 낼 수 있는 분이라면 ‘대화가 가능한 정도로 달리는 저강도 운동’도 매우 좋은 운동법이라고 합니다. 여러 연구에 따르면, 운동하지 않던 사람이 매주 90분만 운동을 해도 총 사망률이 14% 감소한다고 합니다. 특히 저강도 운동은 우리 몸의 대사 유연성을 개선하는 데 큰 역할을 합니다. 대사 유연성은 신체가 에너지를 얼마나 효율적으로 사용하는지를 의미하며, 저강도 운동을 통해 이 효율성을 크게 향상시킬 수 있습니다.

그렇다면 저강도 운동은 얼마나 해야 효과가 있을까요? 저강도 운동의 기준은 최대 심박수의 70~85% 수준입니다. 간단하게 말하면, 운동 중에 통화가 가능한 정도의 숨찬 느낌이라고 생각하시면 됩니다. 연구에 따르면, 하루에 최소 45분 이상, 1주일에 3시간 이상 저강도 운동을 하면 건강이 획기적으로 개선된다고 합니다.

그럼 어떤 운동이 가장 효과적일까요? 많은 운동 중에서도 달리기가 저강도 운동으로 가장 효과적이라는 연구 결과가 있습니다. 저강도 운동은 많이 할수록 심혈관 개선, 근육 증가, 체중 조절 등에 도움이 됩니다. 따라서 매일 꾸준히 달리기를 실천하는 것이 건강을 위한 최고의 선택이 될 수 있습니다.

건강을 위해 하루에 45분 이상, 1주일에 3일 정도 저강도 운동을 실천해 보십시오. 저강도 운동은 상한선이 없으니 가능한 만큼 많이 해보는 것이 좋을 듯합니다.

모두 집에 운동화 한두 켤레는 갖고 있을 것입니다. 조만간 사무실 직원 중 원하시는 분들을 초청하여 퇴근후 호수공원을 저강도로 45분 정도 달리는 번개행사를 추진하겠습니다. 많이 참석해 즐겁게 달리고 뒷풀이도 함께 하면 좋겠습니다. 감사합니다.

《감사 메일 34》

레이어링! 등산할 때 옷 입는 방법

설악산에 첫눈이 내렸다는 뉴스를 들었습니다. 벌써 높은 산정상 부근은 겨울이 왔습니다. 저는 겨울 등산을 정말 좋아합니다. 특별한 일이 없으면 매주 산을 오르는데, 등산복을 잘 겹쳐 입어야 저체온증 등을 예방하고 안전하게 산행할 수 있습니다.

등산복 입는 법을 영어로 레이어링(Layering)이라고 하는데, 여자분들 화장하는 것도 레이어링이라고 하더군요. 화장하는 것처럼 옷을 잘 겹쳐 입는 방법입니다.

등산할 때 상의 자켓과 바지를 입는 방법은 보통 3겹입니다. 베이스 레이어(Base layer), 미드 레이어(Mid layer), 아우터(Outer) 이렇게 3종류입니다.

베이스 레이어는 피부와 접촉하는 속옷을 말하는데, 양말도 베이스 레이어입니다. 속옷은 등산 중 흘린 땀을 잘 배출해주면서 체온을 유지하는 기능을 해야 하니까, 면소재는 절대 입어서는 안 됩니다. 요즘 광고에 보면 속건(빨리 마르고) 향균(냄새 나지 않으며) 투습(땀 배출) 기능이 좋다는 화학섬유 소재 또는 울 소재로 만든 옷을 입으면 됩니다. 하산할 때 속옷이 너무 젖었다고 생각되면, 저체온증 예방을 위해 여분의 속옷으로 갈아입고 내려오면 아주 좋습니다.

미드 레이어는 보온기능을 하는 옷입니다. 베이스 레이어에서 배출한 습기를 밖으로 내보내면서도 보온기능이 좋은 소재의 옷을 입어야 하는데, 보통 털복숭이처럼 생긴 플리스 소재 셔츠나 보온 경량패딩 등을 전부 미드 레이어라고 합니다. 추운 겨울에는 미드 레이어를 두세 겹 입는 경우도 흔합니다.

아우터는 가장 바깥에 입는 옷입니다. 날씨가 화창한 날에는 거의 입지 않고 배낭에 넣어둡니다. 주로 비, 강한 바람, 눈보라 등의 악천후에 신체를 외부와 차단하는 목적으로 입는 옷입니다. 몸 안에서 발생한 습기를 배출하면서도 외부 비바람이 내부에 들어오지 못하게 차단하는 기능을 해야 하는데, 보통 우리가 잘 아는 고어텍스 자켓/바지, 윈드스토퍼 자켓/바지 등의 옷을 말합니다. 이외에 비니 모자, 장갑, 보온팩, 아이젠 등을 꼭 준비해야 합니다.

　　등산을 시작할 때는 간단히 몸 풀기 운동 후 오르는데, 아무리 추운 날씨라 해도 베이스 레이어와 가벼운 미드 레이어만 걸치고 등산을 시작하는 것이 철칙입니다. 10분 정도 걸으면 벌써 몸이 훈훈해지면서 추운 기운이 사라지기 때문입니다. 그리고 중간에 쉴 때는 체온이 급격히 떨어지는 것을 예방하기 위해 배낭에 넣어둔 보온 패딩을 걸치고 쉬어야 합니다. 다시 등산을 할 때는 보온 패딩을 배낭에 넣고 등산을 하는 것이죠. 그러다가 능선이나 정상 부근에서 바람이 강하거나 눈보라가 친다면, 아우터를 걸치고 산행을 하면 됩니다.

　　도심에서 가을을 느낄 때지만 관악산, 북한산 등 서울 주변의 산에 갈 때는 겨울 레이어링을 준비하고 산행을 해야 합니다. 여러분의 안전 산행을 기원합니다. 《감사 메일 36》

사소한 일상 변화로 시나브로 바뀌는 심신

'시나브로'는 '모르는 사이에 조금씩 조금씩'이라는 순수 우리말입니다. 시나브로가 들어간 표현을 몇 개 보자면 '밤새 시나브로 눈이 소복하게 쌓였다. 연기가 시나브로 사그라졌다. 운동을 꾸준히 하니 시나브로 체중이 줄었다' 등등인데, 그냥 마음이 편해집니다.

우리 사무실 동료들은 대부분 중년입니다. 건강에 신경을 많이 쓸 때죠. 지난번 동료들 운동 현황을 살펴보니, 대부분이 다이어트에 신경을 쓰고 계셨고, 일부는 근육운동을 병행하고 있었습니다. 다이어트와 근육운동은 정말 지루한 싸움이며, 건강한 삶을 위해서는 평생 지속해야 하는 인고의 시간입니다. 하지만 이것 또한 일상에서 사소한 것을 지키는 자기만의 루틴을 만든다면 큰 부담 없이 지킬 수 있다고 합니다.

미국의 건강매체 『웹엠디(WebMD)』에 게재된 '체중을 줄이는 일상 속 작은 변화'에 대해 공유해보겠습니다.

전문가들은 하루에 100칼로리를 덜 섭취하거나 더 소모하는 일상생활을 할 것을 권합니다. 매일 100칼로리를 더 소모하는 것은 연간 약 3만 6,500칼로리를 소모하는 것과 같아 1년에 체중 약 5kg를 줄일 수 있는 방법입니다. 100칼로리는 작은 간식이나 설탕 한두 스푼을 덜 먹거나 일상적인 움직임 등으로도 줄일 수 있어 누구나 부담 없이 도전할 수 있으며, 매일 실천하면 정말 시나브로 체중이 줄어듭니다.

그럼 100칼로리를 덜 먹는 방법으로 포만감을 오래 느낄 수 있는 식사를 하면 식사량과 섭취 칼로리를 효과적으로 줄일 수 있습니다. 똑같은 양을 섭취할 때는 탄수화물, 지방, 당류 등을 최소화할 수 있는 음식을 먹으라고 합니다. 그래놀라 대신 통곡물 시리얼 섭취, 일반 마요네즈 대신 겨자나 저지방 마요네즈, 아이스크림 대신 셔벗이나 저지방 아이스크림, 식사 때 음식 3~4입 크기만큼 남기기, 가금류 섭취 전 껍질 제거하기, 샐러드 드레싱은 절반만 뿌리기 등입니다.

일상에서 움직임으로 하루에 100칼로리를 소모하는 방법으로는 반려견과 20분 산책 하기, 30분간 집안일 하기, 13분 동안 실내용 자전거 타기, 18분 동안 계단 오르기, 15분 동안 줄넘기하기, 10분간 조깅 하기 등을 매일 하나씩 실천하는 것입니다.

오늘 퇴근 후 동료들과 회사 주변 호수공원에서 플로깅 봉사 활동과 달리기를 하려고 합니다. 100칼로리 이상을 소모하면서 몸과 마음이 행복해질 수 있는 시간이 될 것이라고 믿습니다. 감사합니다.

《감사 메일 41》

11월 6일 오늘 아침. 서울에 올가을 첫서리가 내렸습니다. '서리'와 관련된 24절기는 상강(霜降)입니다. 서리'상' 내릴'강' 서리가 내린다는 뜻으로, 상강(霜降)은 한로(寒露)와 입동(立冬) 사이에 있는 가을의 마지막 절기입니다. 낮에는 가을의 맑은 날씨지만, 아침저녁으로는 기온이 낮아져 서리가 내리고 얼음이 얼기도 하는 절기입니다. 그래서 옛 어른들은 첫서리가 내리면, 가을이 가고 겨울이 시작된다고 했습니다.

실제 올해 달력을 살펴보니 상강일은 10월 23일이었습니다. 예년에 비해 첫서리가 늦게 내렸습니다. 첫서리가 내리는 상강 즈음에는 단풍이 가장 아름답고 국화가 활짝 피는 시기입니다. 오래 전에는 상강에 은은한 향의 국화주를 마시면서 단풍 나들이를 하는 문화가 있었다고도 합니다.

달력을 보니 내일이 입동입니다. 슬슬 겨울 준비를 해야겠군
요. 11월 하면 떠오르는 시 2편을 준비했습니다.　　《감사 메일 42》

11월

나태주

돌아가기엔 이미 너무 많이 와버렸고
버리기에는 차마 아까운 시간입니다.
어디선가 서리 맞은 어린 장미 한 송이
피를 문 입술로 이쪽을 보고 있을 것만 같습니다.
낮이 조금 더 짧아졌습니다.
더욱 그대를 사랑해야 하겠습니다.

11월

오세영

지금은 태양이 낮게 뜨는 계절,

돌아보면 다들 떠나갔구나

제 있을 꽃자리

제 있을 잎자리

빈들을 지키는 건 갈대뿐이다.

상강(霜降).

서릿발 차가운 칼날 앞에서

꽃은 꽃끼리, 잎은 잎끼리

맨땅에 스스로 목숨을 던지지만

갈대는 호올로 빈 하늘을 우러러 시대를 통곡한다

시들어 썩기보다

말라 부서지기를 택하는 그의 인동(忍冬),

갈대는 목숨들이 가장 낮은 땅을 찾아 몸을 눞힐 때

오히려 하늘을 향해 선다.

해를 받든다.

거북목, 라운드 숄더 개선 방법

직장인들이 가장 많이 갖고 있는 질병이 목 디스크인데, 이는 대부분 거북목과 라운드 숄더 때문입니다. 우리 사무실에도 몇 분 계신 것 같습니다.

과거에는 책상에 앉아서 서류를 보거나 PC 작업 때문에 고개를 숙이다 보니 그랬는데, 요즘은 스마트폰 때문에 더 많다고 합니다. 증상은 어깨가 묵직하고 두통이 있으며, 견갑골이 아프고 손발이 저리거나 어깨 회전근 쪽에 통증이 있는 등 참 귀찮고 피곤한 질병입니다.

본인이 거북목과 라운드 숄더인지 확인하는 자가진단 방법으로는 ① 벽에 등을 기대고 서서 발뒤꿈치, 엉덩이, 견갑골, 머리를 벽에 붙였을 때 뒷통수가 벽에 닿지 않고 떠 있거나, 불편함과 통증이 느껴진다면 거북목 증후군을 의심해봐야 합니다. ② 고개를 뒤로 젖히거나 숙였을 때, 좌우로 돌렸을 때 목이 뻣뻣하게 잘 움직이지 않거나 통증이 있어 더 이상 움직일 수 없다면 거북목을 의심해야 합니다.

병원에 가지 않고 일상에서 거북목과 라운드 솔더를 개선하는 루틴을 하면 거북목과 라운드 솔더를 잡을 수 있다고 합니다.

잠자리에 들거나 아침에 일어나서 바로 침대에서 나오지 말고, 침대 모서리에 목을 기대고 스트레칭하는 것입니다. 어느 정도 편하게 목을 기댈 수 있으면, 척추에 얇은 방석을 대고 가슴을 펴주는 스트레칭 운동을 하라고 하네요.

다른 한 가지는 사무실에서 시간 날 때마다 한 번씩 하면 될 것 같은데요. 벽에 발뒤꿈치, 엉덩이, 견갑골, 머리를 붙이고 서 있는 것입니다. 그러다가 익숙해지면 척추 윗부분에 물병을 대고 어깨를 펴주는 운동을 하는 것입니다.

두 가지 방법 모두 같은 원리인데 하나는 침대에 누워서 하는 것이고, 다른 하나는 벽에 서서 하는 것입니다.

저는 어제부터 아침 루틴에 침대 모서리에 목을 기대는 것을 포함시켰습니다. 혹시 거북목이나 라운드 솔더 증상이 있으신 분이라면 한 번 도전해 보시지요.

《감사 메일 43》

케틀벨 스윙을 아시나요

주말 잘 보내셨는지요. 지난 토요일 낮에는 반팔을 입고 다닐 정도로 따뜻한 날씨였으나 5시부터 비가 내리더니 갑자기 날씨가 쌀쌀해졌습니다. 급기야 일요일 오후에는 매서운 칼바람 추위로 두터운 패딩을 입어야 할 정도가 됐습니다. 이렇게 갑자기 날씨가 추워지면 집밖으로 운동하러 나가는 것이 꺼려집니다. 그렇다면 대안은 실내운동이겠지요. 실내에서 할 수 있는 운동 중 유산소운동과 근력운동을 동시에 할 수 있는 것이 두 가지 있습니다. 계단 오르기와 케틀벨 스윙입니다.

계단 오르기 효과는 우리 사무실 김 부장께서 직접 보여주고 계십니다. 5개월째 아파트 57층 계단을 거의 매일 오르고 있습니다. 피부톤이 맑아졌고, 음식 조절은 전혀 신경쓰지 않는데도 허리가 잘록해졌으며 몸무게도 많이 빠졌습니다. 효과가 궁금하신 분은 김 부장께 커피 한 잔 사드리면서 경험을 들어보십시으.

다음은 케틀벨 스윙입니다. 혹시 처음 듣는 분도 계실지 모르 겠습니다. 현존하는 기구운동 중 가장 가성비 있는 운동이 케틀 벨 스윙 운동이라고 합니다. 다양한 연구 결과, 케틀벨 스윙을 할 때 우리 몸에 있는 600개 이상의 근육이 동원됩니다. 우리 몸의 근육은 650개가 넘게 있으니 사실상 모든 근육이 사용된다고 할 수 있습니다. 미국운동위원회(The American Council on Exer-cise)가 10여 년 전 발표한 연구에 따르면, 케틀벨 스윙은 평균 1 분당 20칼로리를 소모합니다. 20분이면 400칼로리, 이는 1마일 (1.6km)을 6분 페이스로 20분 달리는 것과 비슷합니다. 20분에 약 5.2km를 달리는 아주 힘든 운동인 셈입니다. 케틀벨 스윙을 1 시간 한다면 무려 1,200칼로리를 소모할 수 있습니다. 이는 70kg 의 남성이 2시간 20분 달려야 소비할 수 있는 열량입니다.

저희 집에는 케틀벨이 8kg, 12kg, 16kg 3종류가 있습니다. 5 년 정도 전에 구입했습니다. 1주일에 2회 정도 케틀벨 스윙 또는 케틀벨 스쿼트를 했는데, 좀 더 열심히 해보려고 합니다. 전문가 들의 말씀에 따르던, 30~40대는 무거운 케틀벨(한 번에 15회 정 도 스윙할 수 있는 무게)로 속근을 키우고, 50대 이상은 적당한 케틀벨(한 번에 40~50회 정도 스윙할 수 있는 무게)로 지근을 키 우는 운동을 하라고 합니다.

이처럼 케틀벨 스윙은 지상 최고의 가성비 운동입니다만, 그냥 아무렇게나 하면 안 된다고 합니다. 부상위험이 있으니 유튜브나 헬스장 트레이너를 통해 배우는 것을 추천드립니다.

《감사 메일 49》

 벌써 50번째 감사 메일입니다. 시작이 반이라더니 100개를 목표로 쓰기 시작했는데 벌써 절반 왔습니다.

감사 메일을 쓰기 시작한 이유는 동료들에게 매일 5감사일기를 쓰는 것을 리마인드시키는 차원이었습니다. 하지만 감사 메일에 적은 '아침 루틴, 감사일기 쓰기, 운동하기 등을 실천하면 스트레스가 해소되고 삶이 행복해진다'는 것을 제가 직접 실천하게 된 것이 무엇보다 큰 즐거움이 되었습니다.

그동안 감사 메일에 쓴 내용들은 나와 주변사람들의 심신을 단련시키기 위해 우리가 취할 일상의 행동들을 나열한 것이라고 생각됩니다. 나의 심신을 단련하기 위해서는 마음에 좋은 생각하기, 예쁜 말하기, 스스로에게 칭찬하기, 명상하기, 독서하기 등을 실천하면서 규칙적인 유산소 운동과 근력 운동을 해나가는 것입니다. 상대방의 심신을 단련시키기 위해서는 인사 잘하기, 경청하기, 칭찬하기, 힘들어할 때 용기 북돋아주기, 독서 토론회 갖기, 같이 봉사활동 하기 등과 가끔 등산이나 달리기 등을 함께 하는 것입니다.

이런 것들을 적다 보니 우리 사무실 동료들이 자신과 주변 동료들의 심신을 단련시키기 위해 일상에서 많은 일들을 생활화하고 있다는 생각이 듭니다. 지금도 열심히 심신단련에 힘쓰고 있습니다만, 앞으로도 꾸준히 할 수 있도록 서로 격려하고 칭찬하면 좋을 것 같습니다.

제가 보내드린 감사 메일 중에 김주환 교수의 책 『회복탄력성』을 키우는 방법 중에도 '감사하기'와, '운동하기'를 꾸준히 하라는 글이 있었습니다. 감사하기와 규칙적인 운동을 3개월만 병행한다면 부정적이고 비관적인 사람이라도 긍정적인 뇌로 확실하게 바뀐다고 합니다. 심신을 단련시키는 감사하기와 운동하기를 열심히 하면서 책도 열심히 읽도록 합시다. 《감사 메일 50》

인생의 3분의 1을
차지하는 잠,
잘 자야 합니다

잠(수면)은 단일 행위로 하루 중 가장 많은 시간을 차지합니다. 인생으로 따지면 3분의 1에 해당됩니다. 한국인들의 평균수명이 80세를 넘었으니 무려 27년 이상을 순수하게 잠만 자는 셈이네요. 며칠 전 회사에서 나눠드린 행복일기의 첫 번째 질문이 '7시간 이상 수면했느냐'입니다. 행복하려면 잠을 7시간 이상 자야 한다는 뜻 같습니다.

다들 경험하셨듯이 며칠은 몇 시간 안 자고 버틸 수 있을지언정 몇 주, 몇 달 이상 장기간 안자고 버티기는 힘듭니다. 1차 세계대전 때 전장에서 대치중 참호에 있던 병사들이 너무 오랫동안 제대로 잠을 자지 못해 나중에는 바로 옆에 총알이 날아들고 폭탄이 터지는 와중에도 잠들었다는 기록이 있습니다.

우리 삶에서 잠자는 시간 3분의 1을 아까워해야 할까요? 아닙니다. 잠자지 않는 3분의 2를 활기차게 살기 위한 필수적인 투자로 봐야 합니다. 수면은 뇌의 이물질 청소, 감정 및 기억의 저장과 폐기 등 내일의 하루를 준비하는 중요한 시간입니다.

수면의 질이 좋지 않아 야기되는 건강문제는 단기간뿐만 아니라 10년, 20년 이상 장기간에 걸쳐서도 나타난다는 연구도 많습니다. 여러 연구에 따르면, 잠을 자지 않으면 대장암 발병률이 급격히 높아집니다. 실제로 한국인 사망 원인 2위인 대장암은 수면 시간이 원인이란 분석이 나온 바 있습니다. 한국인 사망 원인 1위인 위암은 스트레스가 주원인인데, 수면이 부족하면 스트레스가 자동으로 높아져 결국 사망 원인 1, 2위가 모두 수면 부족으로 인해 야기된다고 할 수도 있습니다.

그렇다면 적절한 수면의 양과 방식은 어떤 것일까요? 사람들의 신체, 생활 조건이 다르다 보니, 획일적인 기준을 제시하기는 어렵다고 합니다. 계절의 일조량과 기온, 운동, 노동 여부와 그 강도에 따라 필요한 수면의 양이 달라질 수 있기 때문입니다.

여러 연구에 따르면 밤 10시~11시 사이가 잠을 자기 가장 이상적인 시간이라고 합니다. 규칙적인 취침시간을 만들어 수면부족이 되지 않도록 관리하여 건강하고 행복한 삶을 만들어야 하겠습니다. 참고로 숙면을 취하려면 자기 전에 누워서 핸드폰을 보지 말라고 합니다.

《감사 메일 51》

건강기능(보조)식품 맹신하지 마세요

얼마 전 만난 친구가 비뇨기과를 다녀왔다고 하더군요. 50~60대 남성이라면 이런 경우 자기 일처럼 매우 걱정을 많이 합니다. 전립선비대증으로 생활이 불편한 것이 아닌가 해서 말입니다.

친구가 말한 내용의 결론은 돌팔이 의사 말 듣고 건강기능식품을 남용해서 병을 키운 것이었습니다. 친구는 2~3년 전 소변을 본 후에 잔뇨감과 빈뇨감을 느꼈고, 매일 새벽 4시경에 화장실을 가야 하는 상황을 겪었습니다. 그때 주변 사람에게 사정을 얘기했더니 일본에서 소변 장애에 도움이 되는 약이 있는데, 효과가 좋다면서 먹으라 해서 아무 생각 없이 구매해서 복용하기 시작했다고 합니다.

한두 달 지나니 다소 차도가 있는 것 같아서 열심히 빠뜨리지 않고 복용했는데, 시간이 지나도 별로 호전되지 않아 먹다 말다 하면서 생활했다고 합니다. 그러다가 갑자기 정상 생활을 하기 어려울 정도로 힘들어지자, 비뇨기과를 찾아가 각종 검사를 했는데 초음파검사, 내시경검사 등의 결과는 전립성비대증이 매우 심각한 상태라는 것이었습니다.

사람의 세포는 20~30대까지 성장을 하다가 성장을 멈추는 것이 일반적인데, 인체 세포 중 유일하게 계속 성장하는 부위가 남성의 전립선입니다. 전립선비대증을 방치하면 전립선암 등으로 악화되기도 합니다.

친구는 검사결과에 따라 제대로 된 전문의의 처방을 받아 약물 치료를 시작하고 있다면서, 돌팔이 말 듣지 않고 바로 병원에 갔다면 현재와 같은 상황을 피할 수 있었을 것이라고 후회했습니다. 여러분께서도 혹시 주변 사람들 말만 듣고 건강기능(보조)식품을 맹신하고 계신 건 아니겠지요,

건강기능식품은 인체에 유용한 기능성을 가진 원료나 성분을 사용해 제조·가공한 식품입니다. 하지만 건강기능식품은 인체의 정상기능 유지, 생리기능 활성화 등을 통해 건강을 유지하고 개선하는 것이 목적으로 질병의 치료나 예방을 기대할 순 없습니다. 건강보조식품은 일명 입소문에 유명세를 타고 나타난 출처가 분명하지 않은 일반식품(각종 가루 혼합물)에 불과합니다. 어찌

되었든 건강기능식품, 건강보조식품은 치료용이 아닙니다. 치료를 위해선 의사의 처방을 받아 의약품을 복용해야 합니다. 의약품은 건강기능식품과 달리 온라인 구매가 불가능합니다.

건강기능식품, 건강보조식품 등을 복용하기 전에는 기저질환자의 경우 복용 전 필히 의료진의 전문적인 조언을 구하는 것이 중요한 것 같습니다. 특히 정식 수입허가가 나지 않은 제품을 해외구매 등으로 들여온 것은 안전성을 장담할 수 없기 때문에 구매 및 복용에 신중해야 합니다.

《감사 메일 66》

다음은 신문기사의 일부를 공유합니다. '운동은 심장을 튼튼하게 하고, 더 크고 똑똑한 뇌를 만든다'고 합니다. 미국 뉴욕대학 신경과학 및 심리학 교수 웬디 스즈키는 2017년 세계적인 강연 플랫폼 테드(TED) 무대에서 과학적 근거와 자신의 경험을 결합해 '운동은 그저 몸을 건강하게 하는 활동이 아니고, 뇌를 변화시키고 나아가 삶을 변화시킨다'는 것을 대중에게 설명해 유명인사가 됐습니다.

이 강연은 자신의 연구와 삶에서 겪은 깊은 고민과 변화의 결과를 담은 것입니다. 스스로가 뇌 가소성에 대한 연구로 촉망받던 시기였지만, 뉴욕대학에서 종신 재직권을 얻기 위해 고군분투하던 시절이라 그의 삶은 전혀 행복하지 않았다고 합니다. 스트레스와 고립감에 시달렸던 것이지요. 그렇게 번아웃에 빠졌던 상황에서 페루로 떠난 여행은 그의 인생을 바꾸는 중요한 변곡점이 됐습니다. 이때의 경험은 그가 운동과 정신건강을 연구하게 된 연결고리가 되었고, 그후 그는 신경과학과 심리학을 결합해 운동이 뇌에 미치는 변혁적인 영향을 연구하기 시작했습니다. 그의 저서는 『당신의 불안은 죄가 없다』와 『체육관으로 간 뇌과학자』라는 이름으로 국내에서도 출간됐습니다

웬디 스즈키의 주장에 따르면, 우리는 모두 불안하다는 것을 이해하는 게 중요하다고 합니다. 지나친 불안은 우리의 정신건강을 갉아먹지만, 정상범위의 불안은 우리가 위험에 대비할 수 있도록 해준다는 것입니다. 그는 불안이 없었다면 아마 인류는 재해나 위험한 상황을 제대로 감지하지도 못하고 오래 전에 사라졌을 것이며, 이처럼 불안이 우리를 보호하는 도구가 될 수 있다는 점을 인지하고 관점을 바꾸는 것이 중요하다고 지적했습니다.

헬스장에 가서 1시간이나 그 이상 움직이는 것만이 운동은 아닙니다. '몸을 움직인다'는 그 자체가 중요합니다. 최근 연구에 따르면 10분 걷는 것만으로도 불안과 우울 수준을 크게 낮추는 것으로 나타났습니다. 스트레스가 심한 상황 전이나 후에 10분 정도를 더 걷는 것도 좋다고 합니다. 극심한 우울증의 경우에는 침대나 소파에서 일어나는 것도 쉽지 않은데, 이런 경우에는 약물치료 등이 선행되어야 합니다.

　기억력을 개선하는 방법은 15살이든 55살이든 비슷하다고 합니다. 기억을 담당하는 곳은 '해마'인데, 해마의 크기는 나이가 들면서 점진적으로 줄어들 수 있습니다. 다행인 것은 해마는 새로운 뇌세포를 생성할 수 있는 두 개의 뇌 영역 중 하나라는 점입니다. 심박수를 높이는 유산소 운동은 해마의 성장인자를 방출하여 새로운 뇌세포를 성장하게 합니다. 따라서 소파에 앉아 온종일 비디오게임을 하는 사람보다 밖에 나가서 뛴 사람은 훨씬 더 크고 건강한 해마를 갖게 될 것입니다. 더불어 전반적인 뇌 건강을 위해서는 다섯 가지 원칙이 중요합니다. 규칙적인 운동, 충분한 수면, 명상과 마음 챙김, 사회적 연결, 균형 잡힌 식단 등이 그것입니다. 몸에 좋은 것은 뇌에도 좋다고 합니다.

　한편, 고립은 뇌건강과 정신건강 모두에 악영향을 미친다고 합니다. 외로움은 단순히 감정이 아니라 실제로 뇌에 스트레스를 가하는 요소라는 의미입니다. 한국 사회처럼 경쟁이 치열하고 개인의 성취가 중시되는 환경에서는 사회적 유대가 더욱 중요하다고 생각합니다. 사람들과의 깊은 대화, 친밀한 관계를 유지하려고 노력합시다. 아주 간단한 것부터 시작해도 좋습니다. 가족과 함께 식사하는 시간, 친구와의 짧은 전화 통화, 동료와 점심을 함께 하는 것만으로도 뇌는 긍정적인 영향을 받을 것입니다. 이러한 사회적 상호작용은 스트레스를 완화하고 기분을 좋게 만드는 신경전달물질을 분비하게 합니다.

그는 인간이 불안함을 느끼며 사는 것은 당연하다고 합니다. 그럼에도 불구하고 운동을 지속하고, 혼자 있지 말고, 가족 및 주변사람들과의 친밀한 관계를 유지하려고 노력하라는 것이 그의 주장입니다. 이번 주말 가족과 외식하고 소화시킬 겸 산책 한 번 해보시죠. 감사합니다. 《감사 메일 68》

'드라이 재뉴어리'라고 들어보셨나요

*드라이 재뉴어리(Dry January)

12월도 이제 8일 남았습니다. 연초 세웠던 개인적인 계획과 소망이 잘 이뤄지셨나요? 다들 연초에는 새로운 다이어리를 장만하고 계획들을 많이 적습니다. 연말이 되어 체크해보면 연초 계획들이 생각만큼 잘 진행되지 않은 경우가 많습니다.

그렇지만 우리는 실망하기보다는 내년에는 올해보다 좋은 일이 많을 것이고 잘될 것이라는 새로운 희망을 갖고 다시 신년 계획을 작성합니다.

보통 일반 직장인들이 신년 계획을 세우게 되면 무슨 내용이 많을까요. 제가 만나본 40~50대 대부분은 본인과 가족의 건강, 그리고 경제적 여유를 달성하는 계획이나 방법이 많았습니다. 챗GPT에 물어보니 40~50대는 ① 가족의 건강 ② 자녀 학업 성취

③ 경제적 축적 ④ 개인 커리어 발전 ⑤ 인간관계 증진 ⑥ 봉사 등 사회적 책임 등으로 나왔습니다.

연말에는 송년회 등으로 평소보다 회식이 많아 술배(?)가 늘어난 분들이 많으실 것입니다. 평소 체중관리를 해야겠다고 맘을 굳게 먹지만, 연말에는 만나서 회포를 풀어야 할 친구, 직장동료들과의 회식이 많다 보니 어쩔 수 없습니다. 이렇게 바쁜 연말이 지나고 새해가 오면 12월 한 달 동안 비축한 뱃살을 빼려고 다들 계획을 세웁니다.

오늘은 술 뱃살을 제거하는 방법에 대해서 얘기해보려 합니다. 직장인 중 40대 초반까지만 해도 건강에 대해서 걱정하는 사람이 거의 없을 겁니다. 살이 좀 찌더라도 1~2주만 적게 먹고 운동을 하면 정상으로 돌아오는 경우가 많습니다. 하지만 40대 중반 이후부터는 체중관리가 쉬운 것이 아니라는 것을 많은 분들이 경험해 보셨을 것입니다.

여러분! 혹시 새해 결심으로 1월 한 달 동안 술을 안 마시는 '드라이 재뉴어리(Dry January)'라고 들어보셨나요. '펍(Pub)' 문화가 발달한 영국 사람들도 술을 상당히 많이 마시는데요. 영국의 음주예방자선단체 '알코올 컨선(Alcohol Concern)'이 2011년부터 시작한 금주 캠페인으로, 영국 술꾼들에게 1월 한 달 동안은 술을 마시지 말자는 것입니다. 이 캠페인은 각종 회식이 행사 등 음주 행사가 많았던 12월을 떠나보내고 새해를 시작하는 첫 달 1월에 금주를 통해 메마른(Dry) 상태, 즉 간에 휴식을 주자는 취지로 시작됐습니다. 지금은 영국을 넘어서 전 유럽과 미국으로 널리 확산됐습니다.

10년 넘게 캠페인이 진행되자 참여하는 사람들도 늘어났고, 통계적으로도 많은 성과를 보이고 있습니다. 영국에서는 매년 800만 명 이상이 참여하며, 참여자 중 70% 이상이 이후에도 음주를 줄이는 데 성공했다고 합니다.

술을 입에 대지 않는다고 해서 단기간에 얼마나 효과가 있을까 싶지만, 연구 결과를 보면 금주의 효과는 예상외로 높다고 합니다. 한 달간 금주하면 간의 지방 함량이 평균 15~20% 감소하고 체중이 줄며 수면의 질도 10% 이상 개선된다고 합니다. 장 건강 회복과 염증 감소, 수면 개선으로 면역력이 향상되고 스트레스 호르몬인 코르티솔 수치가 평균 16% 감소합니다. 또 알코올 섭취를 줄이면 업무와 일상생활에서 더 높은 집중력을 경험할 수 있으며 우울증 발병률이 약 20% 낮아질 수 있다고 합니다. 경제적인 효과도 무시할 수 없어, 펍에서 맥주를 하루 두 잔씩 마시는 사람이 술을 끊는다면 1년간 약 600만 원 이상을 절약할 수 있습니다.

요즘 젊은 세대들은 건강도 지키고 자기관리 차원에서 중장년

층만큼 술을 마시지 않는 것 같습니다만, 여전히 술을 좋아하시는 저를 포함한 중장년층은 내년 1월 한 달 동안 간을 쉬게 하는 'Dry January'를 실천해 보시는 건 어떨까요. 한 달간 금주는 심신을 새롭게 정비할 수 있는 좋은 기회가 될 것입니다.

《감사 메일 70》

건 강 하 게   오 래   살 려 면
전 문 의   말 을   들 어 야 …

연말연시에 어르신들을 뵙게 되면 '건강하시고 오래 사세요'라고 덕담을 가장 많이 하는 것 같습니다. 요즘 60세 되어 환갑 잔치 하는 분은 거의 없습니다. '청춘에 무순 잔치냐'고 하시죠. 30년 전만 해도 환갑 잔치를 크게 했는데 기대수명이 그만큼 길어져서겠죠.

한국인의 기대수명은 전 세계 몇 위쯤일까요? 놀라지 마십시오. 10위입니다. 1970년 62.3세에서 2023년 83.5세로 약 21세 늘었으며, 2023년 여자의 기대수명은 86.4세로 남자 80.6세에 비해 5.8세나 깁니다.

조선시대와 비교하면 얼마나 늘었을까요? 조선시대 백성들의 수명에 대한 연구자료는 없습니다만, 조선왕조실록의 임금 수명을 통해 어림짐작할 수 있을 것 같습니다. 조선시대 국왕은 27명이며, 가장 장수한 왕은 만 81세 5개월에 세상을 떠난 영조입니다. 두 번째는 72세까지 산 태조 이성계입니다. '일흔 살까지 산다는 것은 옛날에는 드문 일'이라는 '고희(古稀)'의 뜻 그대로 70살을 넘긴 임금은 태조와 영조 등 2명에 불과했습니다.

그 다음으로 고종(66세), 광해군(66세), 정종(62세) 등이며, 회갑 잔치를 치른 왕은 20퍼센트도 안 됩니다. 27명 국왕들의 평균 사망연령은 46.1세이며, 왕위에서 쫓겨나고서 16세에 살해당해 천명을 누리지 못한 단종을 빼면 47.3세로 조금 늘어납니다. 오늘날 한국 남성의 평균수명과 도저히 비교할 수 없을 정도로 짧습니다.

의식주 생활이 전혀 궁핍하지 않았고 의료혜택도 가장 많이 받았을 국왕이 백성보다 오래 살았을 것이란 점과 서유럽에서 산업화가 막 시작되던 1800년 무렵의 평균수명이 35세 안팎이었던 점 등을 바탕으로 조선시대 사람들의 평균수명은 35세 내외 혹은 그 이하였을 것으로 유추할 수 있습니다.

'건강하시고 오래 사세요'라는 말의 속뜻도 시대에 따라 조금 변했을 것 같습니다. 과거에는 '오래 사시라'에 방점을 뒀다면, 요즘은 '건강하시라'를 강조하는 게 아닐까 싶습니다.

기대수명이 높아지면서 주변에 암 환자를 많이 만나곤 합니다. 그래서일까요. 우리 국민 대부분은 전세계에서 가장 좋은 의

료보험시스템의 혜택을 받고 있으면서도 실비보험, 암보험 등에 추가로 가입하고 있습니다.

암치료와 관련하여 전세계적으로 권위있는 김의신 박사의 말씀을 적어봅니다. 김 박사는 최근 유튜브 채널 <지식한상>의 '84세 암 치료 권위자의 양심고백' 영상에 출연했는데, 세계 최고 암 치료기관인 미 MD앤더슨 암센터에서 32년간 종신교수로 일하면서 '미국 최고의 의사'에 11차례나 선정됐던 분입니다.

김 교수는 미국 MD앤더슨에 계실 때 이건희 회장, 최종현 회장 등 한국의 유명하신 분들을 치료하셨는데, 한국 암환자들은 대부분 미국 환자에 비해 다른 특징을 갖고 있다고 말씀하십니다. 김 교수는 '사람이 오래 사니까 누구든지 암에 걸릴 가능성이 있다'고 하시면서 특이하게 미국 환자들은 보통 암을 고혈압, 당뇨 등 만성질환처럼 생각한다면서, 암을 대할 때 대수롭지 않게 생각하는 특징이 있다고 말씀하십니다. 반면, 한국 사람은 자기만 암에 걸린 것처럼 생각하고, 사형선고를 받은 것처럼 느낀다면서, 약을 선택한다든가 의사가 설명할 때도 지나치게 '부정적'이라고 지적하십니다.

김 교수는 환자가 질병을 치료하고 싶으면 의사를 믿고 의사 말을 잘 따르는 것이 중요하다고 말씀하십니다. 여러분 혹시 아파서 병원에 갔는데, 의사가 본인이 듣고 싶은 말을 해주지 않으면 '이 의사 돌팔이다'라고 하시면서 다른 병원을 다시 방문하시는 분 많이 보셨지요. 특히 나이 드신 부모님 모시고 다니다보면 더더욱이요.

살다보면 자기가 듣고 싶은 말을 해주는 사람은 믿음직하고, 자기가 듣기 원하는 것을 말하지 않는 분은 신뢰가 가지 않는다고 생각하는 분들을 자주 만납니다. 스스로 이런 마음의 벽을 허무는 것이 중요하다는 생각이 듭니다. 특히 나이가 들수록 남의 말을 듣도록 노력해야 할 것 같습니다. '나이를 먹을수록 입을 닫고 지갑을 열어라'는 말을 실천해야 할 것 같습니다.

《감사 데일 72》

2025년, 청사년(靑巳年)의 새해 태양이 힘차게 떠올랐습니다. 모두가 힘들었던 2024년과 이별하고 희망을 갖고 새 출발을 하라는 의미인 듯합니다.

2025년은 푸른 뱀의 해입니다. 푸른 뱀은 지혜와 성장, 발전, 변화, 도약 등 좋은 기운을 상징한다고 합니다.

① 뱀은 동양에서 영민하며 지혜로운 동물이며, 푸른색은 젊음, 성장, 생명을 나타냅니다. 푸른 뱀은 지혜를 바탕으로 한 새로운 성장과 발전을 상징합니다.

② 허물을 벗는 뱀은 재생과 변화를 상징합니다. 푸른 뱀은 자연스럽고 조화로운 변화를 의미하며, 성장과 새로운 시작에 대한 희망을 담고 있습니다.

③ 푸른색은 동양 음양오행에서 동쪽과 봄, 목(木) 기운입니다. 생명력, 시작, 풍요로움과 관련되며, 뱀의 유연한 특성과 결합되어 조화로운 발전과 풍성한 결실을 의미합니다.

④ 푸른 뱀은 내면의 성장과 정신적 성숙을 나타냅니다. 이는 지혜로운 판단과 침착한 대응을 상징합니다.

⑤ 뱀의 부드럽고 유연한 움직임은 고요함 속에서 위기를 헤쳐 나가는 능력을 상징합니다. 푸른 뱀은 자연과의 조화로운 공존과 유연한 삶의 태도를 나타냅니다.

지금까지 살면서 새해 경제전망이 평탄한 적은 거의 없었던 것 같습니다만, 2025년은 국내외적으로 불확실성이 매우 커서 그 어느 해보다 힘들 것 같습니다. 이럴 때일수록 우리에게 푸른 뱀의 지혜와 능력이 절실하게 필요한 것 같습니다.

첫 출근일입니다. 가족보다 더 많은 시간을 같이 보내는 사무실 동료들과 덕담 나누면서 힘차게 신년을 시작하시길 빕니다. 건강, 행복, 만사형통의 덕담을 보내드립니다.

① 새해에는 건강과 행복이 가득하시길 바랍니다.

② 가족과 함께 웃음 가득한 날들이 이어지길 바랍니다.

③ 계획하신 모든 일이 순조롭게 이루어지고, 풍요로운 한 해가 되기를 기원합니다. 《감사 메일 74》

새 해 　 어 떤 　 계 획 을

세 우 셨 나 요

 금년 1월 첫 월요일입니다. 항상 첫 번째는 설렙니다. 여러분은 어떠신가요.

새해가 되면 새 다이어리를 장만하고 금년도 목표를 설정하고 매일 할 일을 정합니다만, 대부분 매일 하려고 했던 일들이 며칠 되지 않아 흐지부지된 경험이 많으실 것입니다. 살다보면 계획대로 꾸준히 실천하고 사는 사람을 보기 힘듭니다. 그렇게 꾸준히 실천한 사람은 이미 자기 분야에서 성공해서 저 멀리 가 있는 경우가 많을 테니까요.

여러분 새해 목표나 각오를 세우셨나요? 건강, 재테크, 가족간 소통, 커리어 관리, 회사 목표 달성 등이 대부분일 것입니다. 저는 매일 할 일 몇 가지를 정했습니다. 아침에 기상해서 잠자리에 들 때까지 중간 중간에 이 일은 꼭 실천해야겠다는 각오로 말입니다.

① 아침 루틴을 지키자(눈뜨면 기지개 등 몸을 이리저리 움직이고, 일어
　나면 바로 이불을 개고, 물 한잔 마시고, 매달리기 스트레칭하고, 3분
　양치한다).

② 아침에 출근하면 동료들과 활짝 웃으면서 소리내어 인사한다.

③ 출근한 후 가족 단톡방에 아침인사를 한다.

④ 오전과 오후에 집중 근무시간을 1시간씩 갖는다. 이때는 스마트폰, 인
　터넷 검색 등을 하지 않고 일에 매진한다.

⑤ 매일 20분 이상 독서한다.

⑥ 매일 행복일기 작성 등 정리/쓰기 시간을 10분 이상 한다.

⑦ 주 3회 1시간 이상 진땀이 나도록 운동한다.

⑧ 주 3회 이상 감사 메일을 작성하여 구독자(?)에게 발송한다.

⑨ 주 1회는 저녁식사를 하지 않는 간헐적 단식을 한다.

⑩ 매월 최소 1주일 등안은 금주한다.

이미 실천하고 있는 것도 있고 새롭게 집어넣은 것도 있습니다. 실천하기 어려운 것들을 포함시키면 작심삼일이 될 수 있을 것 같아서 할 수 있는 것 위주로 넣었습니다.

여러분은 어떤 계획을 세우셨는지 궁금합니다. 아무쪼록 잘 실천하셔서 2025년 많은 것을 성취하는 한 해 되시기 바랍니다.

《감사 메일 75》

건강에 이로운 걷기 자세

의사들께 여쭤보면 목숨이 붙어 있다고 살아있는 것이 아니라, 건강하게 사는 '건강수명'이 중요하다고 말합니다. 사람이 건강수명을 살고 있는지를 판단하는 척도는 혼자서 잘 걷는지를 보는 것입니다. 혼자서 걸어서 가고 싶은 곳을 가서, 벗을 만나고, 좋은 것을 보고, 맛있는 것을 먹고, 행복할 수 있어야 건강한 삶을 살고 있다고 말할 수 있답니다. 걷지 못해 침대에 누워 사는 와상 상태가 되면 가족이나 간병인의 도움을 받아서 살 수밖에 없는데, 그 고통은 이루 말할 수가 없습니다.

직립보행을 하는 인간은 태어나서 한 살 정도 되면 스스로 걷기 시작합니다. 그래서 인간에게 걷는 것은 자연스런 현상이고 특별하게 걷는 방법을 배운 적이 거의 없습니다. 과거에는 교통편이 발달하지 않아 오늘날에 비해 걷는 거리가 많았고, 핸드폰이 있지 않아서 대부분 올바른 자세로 걷는 분이 많았습니다. 하지만 현대인은 걷는 것이 대부분 출퇴근 시간이고, 걸으면서도 핸드폰을 본다던지, 서류가방을 들고 걷거나 주머니에 손을 넣고 걷는 등 걷는 자세가 좋지 않아 건강을 해치는 경우가 많다고 합니다. 잘못된 자세로 걸으면 발목이나 무릎, 고관절에 필요 이상의 스트레스가 쌓이게 되고, 척추 정렬을 흐트러트리는 등 문제를 일으킬 수 있습니다.

그래서 오늘은 바람직한 걷기 자세, 건강에 이로운 걷기 자세를 알려드리겠습니다(홍정기 님이 2022년 발간한 『오늘부터 걷기 리셋』 책의 일부입니다).

① 배는 힘을 주어 당기고 가슴과 어깨는 곧게 편다.

② 턱은 몸 쪽으로 가볍게 당기고 시선은 10~15m 전방을 주시한다.

③ 상체는 5도 앞으로 기울인다.

④ 양손은 달걀을 쥔 모양으로 가볍게 말아 쥔다.

⑤ 두 팔은 팔꿈치가 ㄴ자 또는 V자 모양으로 자연스럽게 구부린다.

⑥ 팔과 어깨를 자연스럽게 앞뒤로 움직인다.

⑦ 양발은 3~5cm 정도 간격을 두고 발가락쪽이 5도 정도 오픈된 11자 자세로 무릎 사이가 스치는 느낌으로 걷는다.

⑧ 숨은 코로 깊이 천천히 들이마시고, 입으로 코로 천천히 내뱉는다.

　　위 방법으로 걸으려면 핸드폰과는 잠시 헤어져야겠습니다. 각종 연구자료에 따르면 건강에 도움이 되는 효과적인 걷기는 보통 하루 30분 이상, 빨리 걷기가 좋다고 합니다. 숨이 가쁘고 땀이 날 정도로 걷는 것입니다.

　　가끔은 뒤로 걷는 것도 좋다고 합니다. 완전히 다른 코어 및 하체 근육을 사용하므로 하체가 더욱 강화되고 균형감각이 향상되며, 앞으로 걷기보다 열량이 더 많이 소모됩니다. 아울러 허벅지 근육을 더욱 유연하게 만들어주어 자세 교정에도 좋으며, 류머티스 및 무릎 관절염, 뇌졸중, 뇌성마비, 척추나 무릎 부상 경험자들에게 특별히 효과가 크다고 합니다.

　　날씨가 춥지만, 건강에 도움이 되는 빠른 걷기에 자주 도전해보시기 바랍니다. 너무 추우면 실내 러닝머신에서 도전해보는 것도 좋을 듯합니다. 　　　　　　　　　　　　《감사 메일 76》

감기 몸살에 걸리면
왜 열나고 기침하고
콧물을 흘릴까요

감기몸살 때문에 주말동안 꼼짝 못하고 약 먹고 누워 있었습니다. 갑자기 으슬으슬 오한이 들더니 콧물과 기침이 나오고 열이 나면서 근육통까지 심하게 왔습니다. 급하게 동네 내과에 가서 진료를 받고 약을 처방받았는데, 의사 선생님이 참을만 하면 약에 의지하지 말고 따뜻하게 하고 잘 먹고 푹 쉬라고 말씀하시더군요.

처음에는 의사 선생님이 무슨 이상한 소리를 하는가 싶었는데, 제가 모르는 몇 가지 감기 몸살에 따른 몸의 대처 현상에 대해 설명해주셨습니다.

감기에 걸리면 열이 나는 이유를 아시나요? 열이 나는 이유는 몸이 바이러스와 싸우기 위해 면역반응을 활성화하기 때문입니다. 열은 바이러스 감염에 대한 신체의 자연방어기제토 나타나는 현상입니다. 외부에서 들어온 바이러스를 몸의 면역체계가 감지하고 바이러스에 감염된 체내 세포를 파괴하고 바이러스를 제거하기 위한 활동으로 나타납니다. 열이 나는 것은 바이러스의 증식을 억제하고 면역세포의 기능을 향상시킵니다. 열이 나면서 바이러스가 스스로 복제하는 것을 방해하며, 면역세포가 더 활발히 활동할 수 있는 환경을 제공합니다. 기침과 콧물도 열이 오르는 것과 같은 역할을 합니다. 바이러스를 체외로 내보내기 위해 면역체계는 기침을 하거나 콧물을 흘립니다.

의사 선생님은 열이 난다고 무조건 해열제를 먹지 말고, 땀을 흘리면서 탈수현상이 심해지지 않도록 물이나 이온 음료 등을 충분히 마셔 체내 수분을 유지하라고 하셨습니다. 아울러 체내 면역기능이 침투한 바이러스와 힘을 내서 열심히 싸울 수 있도록 스프 등 음식을 섭취하고 무리한 운동과 사우나 등은 하지 말고 충분히 쉬라고 했습니다. 쉬는 동안 체온을 적절히 조절해야 하는데, 속옷이 젖을 경우 체온이 떨어질 우려가 있으므로 자주 갈아입으라고 했습니다. 면역체계가 원활히 작동하려면 충분한 영양 섭취가 필요한데 과일, 채소, 단백질이 풍부한 음식을 섭취하고, 비타민 C와 같은 면역강화 영양소도 같이 섭취하라고 합니다. 하지만 너무 열이 많이 올라가서 참을 수 없는 경우에는 해열제를 복용하라고 합니다.

　갑자기 오래 전에 내과 의사 고교 동창이 했던 말이 생각났습니다. 감기는 약을 먹으나 안 먹으나 잘 쉬면서 잘 먹으면 4일 지나면 떨어지니, 본인은 감기약 안 먹고 생과일 주스 등을 열심히 먹으며 푹 쉰다. 노란 콧물이 나오면 거의 다 나은 것이다.

　감기에 걸렸을 때 열이 나는 이유는 바이러스와 싸우기 위한 신체의 면역반응 때문이니 너무 걱정하지 마십시오. 열이 날 때는 충분한 수분 섭취와 휴식, 체온 조절, 영양 보충, 필요시 해열제 복용 등으로 증상을 관리하면 되겠습니다. 몸에 근육이 많으면 열을 잘 낸다고 하니, 감기 예방에도 도움이 될 수 있겠네요. 다들 감기 조심하시고 항상 건강히 지냅시다. 《감사 · 데일 77》

작심삼월하는 사람이 됩시다

*작심삼월(作心三月)

새해 첫 날이 엊그제 같은데 벌써 2주가 지났습니다. 새해를 맞이하여 세운 계획들을 따박따박 잘 실천하고 계시는 분들이 많은 것 같습니다. 어린이들이야 작심삼일(作心三日)하는 경우가 많겠지만, 어른들은 보통 작심삼주(作心三週)는 하시잖아요. 지금부터가 고비겠네요. 작년까지는 작심삼주였을지언정, 올해부터는 작심삼월(作心三月)이 되도록 마음을 단단히 먹고 세운 계획들 잘 실천하시기 바랍니다.

뇌과학적으로 석 달이 매우 중요하다고 합니다. 귀찮고 힘들지 않은 것이 어디 있겠습니까. 뭐든지 꾸준히 하려면 힘듭니다. 그래도 석 달만 꾸준히 하면 뇌가 그런 활동을 당연히 해야 하는 것으로 받아들이게 되어 있습니다. 바로 뇌가소성 때문입니다.

제가 연초에 보낸 메일에서 매일 기상해서 잘 때까지 중간중간 이런 일들을 해보겠다고 여러분께 알렸는데, 제 말에 대한 책임을 지기 위해 노력하고 있습니다. 저도 요즘 몸살감기로 컨디션이 그다지 좋지 않습니다만, 새해 정했던 하루 루틴을 잘해내고 있습니다. 특히 반 년 넘게 실천하고 있는 아침 루틴이 참 좋은 것 같습니다.

제 아침 루틴은 다음과 같습니다. 기상 알람이 울리면 침대 위에서 기지개 켜고 몸을 이리저리 뒤틀다가 침대 모서리에 목을 늘어뜨리고 천장을 보면서 멍 때리기를 잠시 하다가 목을 좌우로 돌리기 한 후 기상합니다. 기상하면 바로 이불을 갭니다. 전날 준비해 둔 물 한 잔을 천천히 마시고, 팔다리 스트레칭을 하고 둔틀 철봉에 매달리기와 다리 들어올리기(행잉 레그 레이즈) 2~3세트 정도를 합니다. 그 후 씻고 커피 한 잔을 내려 마시고 집을 나섭니다.

아침 루틴은 마음 안정에 매우 좋은 것 같습니다. 여러분들도 각자가 정한 일일 루틴이 다 있으실 것입니다. 사소한 것일지라도 꾸준히 해서 습관화·생활화하면 참 좋은 것 같습니다.

2주 후면 가장 큰 명절 설입니다. 설이 되면 멀리 떨어져 있던 가족 친척들이 다 모여 건강과 안녕을 기원하는 세배를 하고 덕담을 나누며 세뱃돈을 건네지요. 청소년들은 세뱃돈 때문에 설을 학수고대하기도 할 것입니다. 올 설에는 아들딸에게 남다른 뭔가를 준비하렵니다. 세뱃돈 봉투에 30감사를 써서 동봉할 생각입니다. 그렇게 하려면 지금부터 준비를 해야 할 것 같습니다. 여러분께 이렇게 얘기하는 것은 반드시 실천해보겠다는 저의 의지이기도 합니다.

날씨가 매우 춥습니다. 항상 건강하시길 빌며 감사일기도 열심히 쓰시기 바랍니다.

《감사 메일 78》

잘 살려면
잘 쉬어야 합니다

이번 감기는 생각보다 오래 가네요. 사무실 동료 중 마스크를 쓰고 다니시는 분들이 많고, 일부 직원들은 독감에 걸려서 며칠간 출근을 못하는 경우도 있습니다.

의료계 전문가들은 코로나 이전에 비해 엔데믹 이후 몇 년째 겨울과 환절기에 감기나 독감 환자가 많아진 것이 상호 연관성이 있을 것이라고 말합니다. 코로나를 겪으면서 마스크를 오랫동안 착용하다 보니 외부 바이러스 침투에 대응하는 인체 면역시스템이 약해진 경우가 많아져서요.

면역성을 높이려면 운동과 후식을 적절히 해야 합니다. 운동을 통해 근육을 만들면 기초대사량이 올라가고 신체 온도를 잘 유지할 수 있습니다. 근육이 일반인보다 많으면 신체 온도를 보다 높게 유지할 수 있는데, 일반적으로 체온이 상승하면 면역세포들의 활동성이 증가하여 감염과 질병에 대한 방어력을 높이는 데 도움을 줍니다.

한편, 휴식이 엄청 중요하다고 합니다. 일이 많으면 며칠씩 밤을 새거나 '월화수목금금금' 식으로 일하는 경우도 있는데, 이는 생산성을 높이는 것처럼 보이지만 사실은 그렇지 않다고 합니다. 휴식은 육체적·정신적 건강을 유지하고 회복하는 데 필수적인 요소입니다. 과도한 업무나 스트레스는 심신에 부담을 주어 질병을 초래할 수 있다는 것은 모두 잘 아시죠. 휴식을 통해 몸과 마음을 재충전하면 생산성과 효율성이 높아지고 창의성과 문제해결 능력이 향상됩니다.

특히 휴식이 신체 각 부위에 주는 영향을 살펴보면, 우선 휴식은 스트레스 호르몬인 코르티솔의 분비를 줄여주어 긴장을 완화하고 마음의 평온을 유지합니다. 휴식하는 동안 근육의 피로가 회복하고 에너지를 재충전합니다. 이러다 보면 불안정했던 감정을 조절할 수 있게 합니다. 특히 많이 피곤할 때 갖는 휴식(짧은 휴식이라도)은 집중력을 회복시켜 학업이나 업무의 성과를 높이게 된다는 연구는 많습니다.

효과적인 휴식 방법으로는 뭐가 있을까요? 신체적 휴식을 위해서는 충분한 수면, 스트레칭, 가벼운 운동 등이 있습니다. 정신적 휴식법으로는 명상, 호흡 운동, 독서, 음악감상, 미술감상, 자연 속 산책 등이 있습니다. 좋아하는 취미활동을 하면 즐거움이 배가되고 스트레스를 해소하는 데도 좋습니다.

'잘 살려면 잘 쉬어야 한다'는 말씀이 생각납니다. 열심히 일한 여러분! 쉴 때는 꼭 잘 쉬십시오. 휴식은 삶의 균형을 유지하고 행복과 건강을 증진시키는 핵심 요소니까요. 이번 주말부터 9일 간 연휴입니다. 즐거운 휴식 계획을 세워 보시기 바랍니다.

혹시 휴식에 대한 궁금증이 있으시면 『쉼과 나아감에 대하여』 라는 책을 읽어 보시기 바랍니다. 컨설턴트인 마릴린 폴이 저술한 책으로, 현대인들이 잊고 지내는 '휴식'의 중요성과 그 방법을 다루고 있습니다.

《감사 메일 79》

춥지만 열심히 운동합시다

최근 2주 동안의 날씨는 예년에 겪어보지 못한 강추위였습니다. 올 처음으로 한강이 얼었다는 발표도 있었습니다. 공식적으로 한강이 얼었는지를 판단하는 기준은 '한강철교 노량진 쪽에서 2번째와 4번째 교각 사이의 상류쪽 100m까지의 한강수면이 전부 얼어야 합니다.

한강 결빙은 서울 최저기온이 -10도 이하인 상태가 3일 이상 지속될 때 나타날 수 있는 현상이며, 평년 기준으로는 1월 10일 즈음에 한강 결빙이 관측되었습니다. 그런데 올겨울은 예년보다 한 달 늦은 2월 9일이었으며, 이것은 1906년 한강 결빙 관측을 시작한 이후 역대 두 번째로 늦은 기록입니다.

겨울이 되면 날씨를 핑계로 평상시 운동을 열심히 해왔던 사람조차도 운동하는 것을 주저하게 되고, 일상적 활동량도 줄게 되어 섭취 칼로리보다 소비 칼로리가 적기 쉽습니다. 특히 며칠 전 9일 동안의 설 연휴를 보내다 보니 과음과 과식하신 분들이 많을 것입니다. 그러다 보면 허리가 굵어지고 몸무게가 늘어난 분들이 많을 것입니다.

원래 겨울철은 기온이 떨어지면서 우리 신체가 추위를 이기기 위해 몸에서 소모하는 칼로리가 많아지기 때문에 기초대사량이 평소보다 올라가는 계절입니다. 따라서 평소처럼 운동을 꾸준히 한다면 기초대사량이 증가하기 때문에 살을 빼기 좋은 계절일 수 있습니다. 참고로 기초대사량이란 생명을 유지하는데 필요한 최소한의 에너지 소모량이며, 기초대사율이 높으면 신진대사가 빠르고 지방분해도 잘 일어나게 됩니다. 연구에 따르면, 기초대사량에 가장 영향을 미치는 요인은 근육의 양, 식생활, 생활습관 등입니다.

반면, 겨울에 날씨가 추워서 평소보다 몸을 덜 움직여 기초대사량이 줄어든다면, 비만해질 수 있는 위험한 기간입니다.

지난주 금요일 오전 팀장회의 시작 전 참석자들이 돌아가면서 '한 가지 감사할 일'을 발표했는데, 황 사장님께서 근육을 키우기 위해 PT를 1회 받았는데 온몸이 욱씬거리지만 참을 만하며 기분 좋은 아픔이라고 하셨습니다. 나이 들어 근육운동을 하는 것은 근육연금을 붓는 것과 같다고 하셨습니다.

황 사장님 말씀처럼 중년 이후에 근육을 유지하거나 키우는 것은 매우 중요하며 돈으로 환산해도 큽니다. 서울아산병원 노년내과 정희원 교수는 "중년의 근육 1kg 가치는 1,400만 원이며, 중년의 근육상태는 다가올 노년의 삶의 모습을 결정한다. 팔다리 근육량을 기준으로 가장 건강했을 때의 평균 근육량에서 남성은 15kg, 여성은 10kg를 잃으면 남은 생을 누워서 보내게 된다"고 강조했습니다.

추운 날씨에도 매일 출근해서 러닝머신 운동 후 일과를 시작하는 김 전무님, 점심시간에 러닝머신을 뛰는 조 부장님, 매일 저녁 아파트 57층 계단을 오르는 김 부장님 등 우리 사무실에는 꾸준히 운동하시는 분들이 많습니다.

행복의 전제조건 중 돈, 시간 등이 있지만 건강이 최고라는 것은 모두 동의하실 것입니다. 건강하려면 '소식다보(小食多步)'와 '적정수면(適正睡眠)'해야 합니다. 소식다보, 즉 적게 먹고 많이 걷는 것(근력운동과 유산소 운동 통칭)과 7시간은 잠자는 적정수면이 필요한 것 같습니다. 비록 날씨가 춥습니다만 실내운동을 통해서라도 기초대사량을 높이는 운동을 열심히 하시기 바랍니다.

《감사 메일 83》

환절기(換節期)는 계절이 바뀌는 시기, 철이 바뀌는 때를 말하며, 좀 더 구체적으로 얘기하면 계절의 성격이 변화는 시기입니다. 그래서 겨울에서 봄, 여름에서 가을로 바뀌는 이 두 시기를 말합니다. 달력에서 보면 2월 말~4월 초와 8월 말~10월 초가 환절기에 해당합니다. 반면, 봄에서 여름으로 넘어가는 시기인 5~6월과 가을에서 겨울로 넘어가는 시기인 11~12월은 계절이 바뀌기는 하지만 계절의 성격이 달라지지는 않기 때문에 환절기라고 하지 않습니다.

환절기의 가장 큰 특징은 어제와 오늘 또는 아침과 낮 기온 변화가 크다는 것입니다. 전날까지는 반팔을 입었다가 다음날에 바로 도톰한 겉옷이 필요해질 정도로 하루이틀 사이에 기온이 큰 폭으로 변하기도 하고, 아침과 낮 일교차가 큰 날이 많습니다.

최근 서울 날씨도 일교차가 큰 상황이 이어지고 있습니다. 어제(25년 3월 9일) 서울 아침 기온은 2.1℃였으며, 낮 최고 기온은 15℃여서 일교차가 13℃였습니다. 오늘 오전 5시 서울 기온은 2.7℃였으며, 낮 최고 기온은 15℃ 안팎까지 오를 것으로 보입니다. 이처럼 최근 서울 지역은 아침과 낮의 기온 차이가 10℃ 이상입니다.

게다가 환절기에는 초미세먼지, 미세먼지가 높은 날이 많습니다. 일교차가 심한데 공기마저 좋지 않으니 각종 호흡기 질환 발생 위험이 높아집니다. 그래서 감기에 걸리시는 분들이 많습니다. 미세먼지는 호흡기 깊숙이 침투해 기관지염, 천식 발작, 만성 폐질환을 유발하거나 악화시킬 수 있어서, 어린이와 노약자, 호흡기 질환을 앓고 있는 사람은 주의해야 합니다.

환절기 감기 예방법은 우선 복장에 좀 더 신경을 써야 합니다. 요즘 같이 겨울에서 봄으로 넘어갈 때는 낮에는 따스하다가도 밤에는 한겨울처럼 추울 때가 있는데, 겉옷을 준비하지 않은 경우 한겨울보다 오히려 감기에 걸리기 쉽습니다. 미세먼지 농도가 높은 날에는 외출을 자제하고, 부득이하게 나갈 경우 KF80 이상 마스크를 착용합시다. 귀가 후에는 옷을 털고, 샤워를 해 미세먼지를 제거합시다. 가정이나 사무실에서는 실내 습도를 40~60%로 유지해 기관지가 건조해지지 않도록 해야 합니다.

한편, 추운 날씨가 풀리면 등산 또는 둘레길을 트레킹 하시는 분들이 많아지는데, 3~4월 등산이나 트레킹은 매우 위험할 수 있습니다. 도심은 눈이 다 녹았지만 산은 상황이 다릅니다. 북한산, 관악산만 하더라고 3~4월에도 해가 잘 들지 않는 북향 사면, 계곡, 높은 능선에는 눈이 녹지 않고 얼어 있는 경우가 많습니다. 이런 곳에서 낙상사고가 많으며, 저체온증으로 고생하는 분들이 많습니다. 따라서 서울 근교 산에 오르더라도 4월까지는 아이젠을 꼭 지참하시고 배낭 안에 패딩, 겨울장갑, 비니(모자) 등을 꼭 넣어 가시기 바랍니다.

환절기 건강에 유의하시고 행복하세요. 　　　　《감사 메일 91》

식곤증을 이겨내는 법

보통 식사를 하고 20~30분 지나면 졸립습니다. 특히 점심 식사를 많이 한 날은 더 졸릴 것입니다. 봄철이 되면 차갑고 건조했던 겨울 날씨에 적응됐던 심신이 새로운 봄 날씨 환경에 적응하는 과정에서 쉽게 피곤하거나 졸립거나 나른해지는 증상이 나타납니다. 식사 후에 졸리는 현상은 식곤증이며, 봄철 몸이 나른해지면서 졸리는 현상을 춘곤증이라고 합니다.

요즘 같은 봄철에 점심 식사를 하고 나면 식곤증과 춘곤증이 동시에 발현되다 보니, 점심 식사를 일찍 마치고 책상에서 잠시 졸거나 쉬는 분들이 많을 것입니다. 그런데 점심 후 짧은 휴식을 취하지 못하고 오후 업무를 하는 경우, 식곤증 때문에 집중력이 떨어져 일이 잘 되지 않는 경험을 겪은 적도 있을 것입니다.

식곤증은 계절에 관계 없이 음식을 섭취한 후 몸이 음식을 소화하고 영양분을 흡수하는 과정에서 발생하는 생리적인 현상인데, 식곤증이 일어나는 원인은 다음과 같습니다.

우선, 체내 혈당조정 과정에서 졸음이 유발됩니다. 음식을 먹으면 혈당이 오르는데, 이를 적정하게 내리는 과정에서 몸이 피곤해지며 졸리게 됩니다. 특히 탄수화물 위주의 식사를 하게 되면 혈당이 빠르게 상승하게 되고, 인슐린이 급격히 분비되고 혈당도 급격히 하락하면서 졸음이 유발됩니다.

단백질과 탄수화물을 동시에 섭취하면 세로토닌, 멜라트닌과 같은 신경전달물질이 증가하면서 뇌가 안정을 취하면서 즐음이 몰려옵니다.

또한 먹은 음식을 위장에서 소화하려면 체내의 혈액이 위장으로 집중되면서 뇌로 가는 혈류량이 줄어들어 졸음을 느끼게 만듭니다. 특히 과식하게 되면 소화를 시키는 데 더 많은 에너지를 소모하게 되어 몸이 피곤해지면서 졸음을 더 많이 느끼게 됩니다.

그렇다면 이런 식곤증을 이기는 방법은 뭐가 있을까요? 우선, 식사를 하는 방법과 식후 몸을 관리하는 두 가지 방법이 있습니다. 식사는 최대한 혈당을 적게 올리고 천천히 올리는 방법으로 하는 것입니다. 혈당을 바로 올리는 탄수화물을 적게 먹으며, 탄수화물을 먹을 때는 백미, 빵, 국수 등 단순 탄수화물보다는 현미, 잡곡 등의 복합 탄수화물을 섭취하는 것입니다. 아울러 탄수화물을 먼저 먹지 말고 샐러드, 채소, 단백질을 먼저 먹으면 혈당이 천천히 올라가고 포만감도 오래 유지할 수 있습니다. 한 끼에 너무 많은 양을 먹지 않도록 식사 조절을 하는 것이 매우 중요합니다.

식후에 체내 혈당을 낮추려면 가볍게 운동해주는 것이 매우 좋습니다. 식사 후 10~15분 정도 가볍게 산책을 하는 것이 가장 좋으며, 날씨가 좋지 않아 산책하기 어렵다면 계단을 오르거나 실내에서 가볍게 스쿼트, 푸쉬업, 뒷꿈치 들기 등의 맨몸운동을 하는 것도 혈당관리에 크게 도움이 됩니다.

그럼에도 불구하고 졸음 기운이 남아 있다면, 깊은 심호흡과 기지개 등의 스트레칭을 자주 해서 뇌에 산소 공급을 원활하게 해주면 정신이 맑아집니다.

황 사장님, 김 전무님, 박 상무님은 비가 오거나 강추위가 아니면 점심 식사 후 항상 회사 주변을 산책하십니다. 식곤증을 이겨내고 오후 업무를 활기차게 하는 방법을 이미 실천하고 계시네요. 여러분도 점심 식사 후 가벼운 산책을 하여 힘찬 오후 일과를 맞이하시기 바랍니다.

《감사 메일 94》

Chapter 3

칭찬은
고래도 춤추게 한다

긍정적인 말 한 마디는 천 냥 빚도 갚고 고래도 춤추게 해 | 열심히 운동 중인 사무실 동료에게 엄지척! | 자신을 자주 칭찬하고 가끔 상도 줍시다 | 조건 없는 선행 기사를 보며 | 상대방에게 상처를 주는 언행은 지양합시다 | 출근 루틴에 사무실 동료에게 아침인사를 추가합시다 | 자신부터 사랑하고 칭찬합시다 | 경청하는 리더 & 인정하는 리더 | 11월 마지막 불금, 정말 수고 많으셨습니다 | 성공한 사람들이 "운이 좋았다"라고 말하는 이유 | 캐처가 됩시다 | 등 굽은 소나무가 선산을 지킨다

'말 한 마디에 천 냥 빚을 갚는다', '말이 고마우면 비지 사러 갔다가 두부 사온다', '칭찬은 고래도 춤추게 만든다' 등등. 우리가 뱉는 말 한 마디가 개인적으로 좋은 일을 생기게 할 수도 있고, 주변 사람을 기쁘게 할 수도 있으며 인생을 변화시키는 원동력이 될 수도 있습니다. 모두가 당연히 이렇게 반응할 것이라는 일반적인 기대와 전혀 다르게 반응하는 말 한 마디가 상대방의 인생을 변화시켰다는 사례를 모은 책 『놀라움의 힘(마이크 루셀 저)』을 소개합니다.

제나는 8살 때까지 글을 깨치지 못했습니다. 부모님이 다양한 고전을 읽어주셨기에 책에 관심을 가지기 시작했지만, 학교에서 어려운 책을 마주한 후 수업에 따라가지 못했고, 결국 선생님과도 마찰을 겪어 자퇴 후 홈스쿨링을 하게 되었습니다. 좌절한 제

나에게 엄마는 9~10살 이후에 글을 깨치는 것이 훨씬 좋고, 늦은 나이에 글을 깨친 학생들이 훗날 더 우수한 독해능력을 보였다는 연구 결과를 찾았다고 말해주며, 그 순서에 맞게 발달이 이루어지고 있으니 걱정할 필요가 없다고 위로해 주었습니다.

엄마의 말에 큰 안도감과 용기를 얻은 후 제나는 어린이 잡지를 탐독하며 시간을 보냈고, 한 달쯤 지난 어느 날 무의식중에 기사를 술술 읽어 내려가게 되었습니다. 그 이후 제나는 매년 주 단위로 실시하는 독해능력평가에서 상위 3% 안에 들었고, 책을 사랑하는 독서가가 되었습니다.

그런데 이 성공 사례에는 비밀이 하나 있습니다. 엄마가 찾았다는 연구 결과는 사실 존재하지 않았습니다. 엄마는 거짓말로 제나를 놀라게 했고, 그 놀라움은 제나의 삶을 바꿨습니다. 제나의 엄마는 가짜 연구 결과를 만들어 제나가 놀라움을 느끼고 가짜 믿음을 형성하도록 했습니다. 이 믿음이 일반적인 저항을 피해 갈 수 있었던 이유는 제나가 엄마의 의견을 긍정적인 격려로 받아들였기 때문입니다. 만약 엄마가 아이를 격려하지 않고 비꼬거나 화를 냈으면 어떻게 되었을까요? 아마 아이는 책 읽기에 거부감을 느끼고 더는 책을 사랑하지 못했을 것이며, 독해능력이 향상되는 일도 발생하지 않았을 가능성이 높습니다.

제나는 엄마의 말을 듣고 사고방식이 긍정적으로 바뀌어 '성장형 사고방식'을 갖게 되었던 것입니다. 성장형 사고방식이란 실패보다는 성공에 초점을 맞추며 새로운 것을 시도하는 사고방식으로, 집념의 기초가 된다고 합니다. 과정이나 태도에 대한 칭찬을 받으며 자란 아이들은 성장형 사고방식을 가지게 될 가능성이 높고, 결과나 재능에 대한 칭찬을 받으며 자란 아이들은 고정형 사고방식을 가질 가능성이 높습니다. 성장형 사고방식을 가진 사람은 도전을 즐길 뿐만 아니라 실패했을 때도 무언가를 배우기 때문에 말 그대로 성장할 가능성이 매우 큽니다. 여기에 더해 자신에 대한 객관적인 시선까지 갖추게 된다면, 결과에 대한 피드백을 통해 자신이 가고 싶은 길을 현명하게 찾아갈 것입니다.

그렇다면 아이들에게 이런 칭찬을 가장 많이 하는 사람은 누구일까요? 바로 부모입니다. 결국 아이들의 사고방식은 1차적으로 부모에 의해 형성되는 것입니다. 부모가 어떻게 칭찬하느냐가 아이들이 어떤 사고방식을 발전시킬지를 결정합니다.

우리 모두 주변 사람의 장점을 발견하는 노력을 하고 이것을 칭찬합시다. 《감사 메일 17》

우리 사무실 식구들은 어떻게 건강관리를 하시는지 궁금해 인터뷰를 했는데, 다들 열심히 운동하고 있습니다. 전혀 생각하지 못한 답변이 많아 놀랐습니다.

- 박○○　출퇴근 시 웬만한 거리는 걷다 보니 1일 만 보는 기본, 주 2회 발레연습 1시간씩
- 이△△　퇴근할 때 회사에서 집(공항시장)까지 걷는 편, 주2회 수영, 주말에 라틴댄스 1회
- 조○○　출퇴근 웬만한 거리는 걷기, 매일 강아지 두 마리 데리고 저녁에 산책 1시간, 실내 바이크 주3회 1시간씩, 매일 영양제 5알씩
- 송△△　퇴근 후 저녁에 주2회 수영, 주1회 실내클라이밍(볼더링)
- 박○○　출퇴근 웬만한 거리는 걷기, 매일 30분 강아지 산책, 매일 아들과 놀아주기, 매일 1만 보 걷기는 기본

- 도△△　　출퇴근 웬만한 거리는 걷기, 매일 1만 보 이상을 걷는 것이 목표, 저녁에 아들과 놀아주기, 월1회 사회인야구대회 선수로 참여
- 김○○　　매일 아파트 57층 걸어서 올라간 후 엘리베이터로 내려와서 헬스장에 가 일립티컬 40분 운동. 식단조절 신경쓰지 않았으나 3개월 만에 몸무게 5kg 줄고 허리 4인치 줄어듦
- 김△△　　출퇴근 시 최대한 많이 걷기/계단 오르기, 주4회 동네 헬스장에서 달리기 30분, 근력운동 30분 실시
- 전○○　　출퇴근 시간(3시간 30분 정도) 서서 가기/열심히 걷기, 퇴근 후 매일 실내골프연습장에서 1시간 30분 공치기, 주말에 아들과 축구, 음주는 하지 않음
- 이△△　　출퇴근 시 최대한 열심히 걷기, 매일 운동하기, 실내운동은 스트레칭/러닝/계단/근력운동 등을 합쳐서 1시간 30분 정도, 날씨가 좋으면 실외 러닝 1시간 정도 실시, 음주하지 않음
- 이○○　　출퇴근 시간 최대한 많이 걷기, 회사 헬스장에서 주3회 근력운동 시작한 지 1개월
- 조△△　　매일 점심은 거르고 러닝머신/계단운동 등 실시, 뱃살이 너무 드라마틱하게 줄어들고 있음
- 류○○　　매일 아침에 아이랑 산책 1시간, 출퇴근 시 최대한 걷기
- 윤△△　　주3회 근력운동, 주3회 7키로 달리기, 아침/저녁 강아지 산책 30분씩
- 이○○　　매일 30분 속보로 걷기, 매일 푸시업 100개(주말에는 300개 정도), 턱걸이 20개, 요즘 날씨가 선선해져서 출퇴근을 지하철로 하려고 함

- 박△△　매일 걷기를 30분 이상, 주4회 근력운동 20~30분 실시, 골프 연습/라은드를 자주 하는 편
- 김○○　매일 아침 회사 헬스장 1시간 러닝, 주말에 시간 내서 등산하기
- 이△△　주3회 회사 헬스장 1시간 일립티컬, 자전거 타기, 주말에 무조건 등산
- 박○○　한때는 매주 등산에 빠져 있었으나, 요즘은 일도 많고 연애 등으로 전혀 운동을 못하고 있음. 다시 등산하고 싶음
- 김△△　동네 헬스장에 등록은 했으나 자주 못감. 대신 영양제는 열심히 먹고 있음. 매일 7시 30분 출근해서 첫 커피를 주문 후 책읽기 30분

김주환 교수의 책 『회복탄력성』에 따르면, 시련을 극복해낸 사람들이 일반인들에 비해 월등히 높고 견고한 회복탄력성을 지녔음을 뇌파 실험 등을 통해 실증적으로 입증했다고 합니다. 아울러 '운동으로 근육을 키우듯, 훈련으로 마음 근력을 키울 수 있다'며 회복탄력성을 키울 구체적인 6가지 방법은 ① 눈과 입이 등시에 웃는 진짜 미소를 일컬어 '뒤센(Duchenne) 미소'를 지어라. ② 긍정적으로 스토리텔링하는 습관을 들여라. ③ 공감능력 향상을 위해 노력하라. ④ 깊고 넓은 인간관계를 유지하라. 긍정적 정서 향상을 위해 노력하라. ⑤ 대표 강점을 발견하라. ⑥ 감사하기와 운동하기를 하라고 했습니다. 특히 감사하기와 규칙적인 운동을 병

행한다면, 아무리 부정적이고 비관적인 사람이라도 3개월 이후부터 긍정적인 뇌로 확실하게 바뀌게 될 것이며, 회복탄력성이 높아질 것이라고 했습니다.

우리 사무실 식구들은 '운동하기'를 열심히 하고 있습니다. '감사하기'까지 몸에 습관화된다면 회복탄력성이 높은 멋진 분들이 될 것입니다. 우리 모두 옆 동료에게 엄지척 해주면서 오늘도 화이팅입니다.

《감사 메일 24》

자｜신｜을　｜자｜주　　｜칭｜찬｜하｜고

가｜끔　　｜상｜도　　｜줍｜시｜다

 살다보면 긍정적 성향이 강한 사람을 만나기도 하고 부정적인 생각을 많이 하는 사람을 만나기도 합니다.

부정적인 성향이 강한 사람은 해보기도 전에 무조건 안 될 것이다, 힘들 것이다고 말하며 희망을 꺾어버리기도 합니다. 이런 부류의 사람들이 주변에 많으면 본인도 모르게 부정적인 생각에 동화되기 쉽다고 합니다. 반대로 매사에 긍정적으로 말하고 행동하는 사람은 주변 사람들에게 현실감이 없다는 평가를 받기도 하는데…. 이런 사람들이 근처에 많으면 결국은 좋은 기운을 받게 되는데, 이렇게 되기까지 다소 시일이 많이 걸리는 것 같습니다.

현대 창업주 정주영 회장님의 명언, "임자, 해봤어"는 들어보셨을 겁니다. 얼마나 많은 임직원들이 해보지도 않고 포기하거나 안 될 거라고 보고했으면 정 희장께서 그리 말씀하셨을까요.

일상에서 부정적 편향을 극복하고 긍정적 사고력을 높이는 방법에 큰 돈이나 많은 시간을 들이지 않고 실천할 수 있는 과제가 몇 개 있습니다.

소소한 실천과제인데, ① 인지적 재구성(긍정/부정을 다 살피는 균형 잡힌 시각) ② 감사 연습(감사일기 쓰기, 긍정적인 감정 강화 연습) ③ 긍정적인 자아 대화(자기격려, 자기비판 감소) ④ 건강한 생활 습관(규칙적인 운동, 균형 잡힌 식사) ⑤ 명상과 마음챙김(마음 챙김 명상, 호흡과 이완) ⑥ 긍정적 인간관계 유지(가족/친구/동료와 네트워크 강화) 등이 있습니다.

몇 달 전 승진자들을 대상으로 한 능동감사 강의에서 "여기 계시는 분들은 자기 자신에게 긍정적인가, 칭찬을 자주 하는가, 잘했다고 스스로에게 선물을 자주 하는가"라고 여쭤봤습니다. "그렇다"고 자신에게 대답하는 분들이 매우 적었습니다. 회사에서 승진한 자신에게 덤덤하게 있지 말고, 스스로 잘했다고 칭찬도 하고 자기 자신에게 금전적인 상(선물)을 꼭 하라고 말씀드렸습니다. 그랬더니 어떤 분이 "와이프에게 매달 25만 원씩 별도로 챙겨달라고 하겠다"고 하시더군요. "어디 쓰실 것인가"라고 여쭤봤더니 "1년 모아서 낚싯대를 바꾸겠다"고 하셨습니다.

자기 자신과의 긍정적인 대화 방법은 ① 자기 비난 대신 긍정적인 피드백 ② 긍정적인 자기 주장(Affirmations) 사용하기 ③ 자신의 현재 감정을 존중하기 ④ 자기 자신에게 상을 주기 등이라고 합니다.

옛말에 '곳간에서 인심난다'그 했습니다. 사는 형편이 넉넉해야 남을 동정하고 도울 수 있다는 뜻입니다. 나를 사랑하고 칭찬할 줄 아는 사람이 주변 사람의 장점도 발견해 칭찬할 수 있고 사랑도 많이 베풀 수 있겠지요. 여러분, 매일 자기 자신과 긍정적인 대화를 해 보십시오. 그리고 가끔 상도 주십시오. 저는 배낭 메고 국내외로 등산하러 자주 나가는 것이 저에게 주는 상인 듯합니다.

《감사 메일 25》

조건 없는 선행 기사를 보며

우리가 받았던 능동감사 기업문화 교육 중에 강사님은 '1선행 2독서 5감사(1일 선행 한 가지, 1달에 책 2권 읽기, 1일 5감사일기 쓰기)'와 보상을 기대하지 않는 '조건 없는 선행(Random act of Kindness)'을 실천해 볼 것을 권장하셨지요.

우리 사무실 식구들 중에는 이미 습관으로 굳어진 분도 있고, 열심히 습관화시키시는 분들도 계시는 것으로 알고 있습니다.

최근 1주일 사이에 뉴스를 검색하다 보니 조건 없는 선행(Random act of Kindness) 기사가 2개 있더군요. 온라인 커뮤니티에 올라온 글을 공유합니다. 우리도 이런 일들을 실천해보면 어떨까 하는 생각이 듭니다.

분식집에서 돈이 모자라 곤란한 모자(母子)를 보고 식사비를 대신 계산해줬다는 훈훈한 사연입니다. 글 작성자 A 씨는 어제 오전 개인적으로 일정을 좀 보고선 점심 조금 늦은 시간에 있었던 일이라며 "사무실 앞 분식집에서 라면에 김밥 한 줄을 시켜 먹고 있는데 한 어머니와 5~6살 정도 되는 아들이 같이 들어오더라고요. 벽에 붙은 메뉴판을 보면서 라면 하나, 김밥 한 줄을 시키시고 외투 주머니에서 지폐 몇 장과 동전을 꺼내면서 하나씩 세고 있는 걸 봤습니다. 그러다 갑자기 라면을 취소하셨는데 주방에서는 라면이 이미 들어가서 취소는 안 된다고 하더랍니다. 속으로 '아이고 돈이 모자라신가 보구나'라고 생각했고, 다른 분들도 식사 중이시고 괜히 저도 설레발인 거 같아서 허겁지겁 먹고선 계산대 가서 그분들 것도 같이 계산해 주십사 말씀드리고 계산을 하고 나왔는데 괜한 오지랖이었나 싶기도 했습니다"고 덧붙였습니다.

한 온라인 커뮤니티에 '오늘 청소업체 불렀는데 왜 이렇게 눈물이 나냐'라는 제목의 글과 함께 사진이 올라왔습니다. 공개한 사진에는 청소업체 직원이 삐뚤빼뚤한 글씨로 적어두고 간 쪽지 내용이 담겨 있었습니다. "고객님, 제가 그냥 물건들을 좀 옮기고 했습니다. 그냥 이제 혼자 독립하는 자식 같아서 실례를 하였습니다. 그리고 다이소에서 제가 필요해서 물건 몇 가지 사서 그냥 보관해 놓고 갑니다. 죄송합니다"라고 적혀 있었습니다. 나이가 지긋한 것으로 추정되는 업체 직원은 혹시나 자기 행동이 민폐일지 걱정돼 이 같은 쪽지를 남긴 것으로 보입니다. 손글씨로 남긴 따뜻한 배려에 A씨의 눈시울은 붉어졌습니다.

조건 없는 선행을 하는 것이 쉽지 않을 것으로 생각됩니다만, 한 번 도전해보면 재도전하는 것은 좀 더 쉬워지겠죠. 혹시 조건 없는 선행을 하셨다면 서로 공유하면 좋겠습니다.

《감사 메일 45》

최근 지인들과 저녁 모임에서 "업무를 하다 보면 부하 직원을 질책할 일이 있는데, 직장 내 괴롭힘 이슈 때문에 어느 정도로 꾸중해야 할지 답답하다"는 얘기가 나왔습니다. 동석한 몇 분이 공감을 표했고, 옆자리에 있던 변호사가 간략하게 설명과 더불어 결론을 내주셨습니다.

업무 지시나 질책 과정에서 누가 보더라도 인격에 대한 멸시, 조롱을 포함하는 욕설, 폭언이 있다면, 직장 내 괴롭힘으로 인정될 가능성이 높은데 ① 지속성과 반복성 ② 공개성 ③ 업무 관련성 ④ 표현의 수위 등과 같은 기준들을 종합적으로 고려하여 판단될 수 있다고 했습니다.

그러면서 판례 두 개를 예시로 들었습니다.

사례1　대표이사가 약 25년간 자신의 전담 운전기사 겸 개인주택 관리 업무를 담당한 피해 직원의 뒤통수를 때리는 등 폭행하고, "돌대가리냐, 치매냐", "이게 미쳤나", "개**" 등 욕설이 섞인 폭언을 자주 하였는데, 피해 직원의 사망 후 유품을 정리하다 피해 직원의 휴대전화 녹음파일을 듣고 피고의 폭언 사실을 알게 된 유가족들이 대표이사를 상대로 제기한 불법행위에 대한 손해배상청구소송에서, 직장 내 괴롭힘으로 인정받아, 6,000만 원의 위자료를 지급 받음.

사례2　팀장이 피해자인 인턴이 업무를 실수하자 "야 너 미쳤냐", "미친 놈이냐" 등 욕설에 가까운 폭언을 하였고, 팀에서 추진하는 사업개편 과정에서 다른 피해자들에게 "니들 대학 나왔잖아. 근데 이것도 못 하냐. 대학 나온 사람이 이 정도는 해야지"와 같은 인격모독성 발언을 하였으나, 법원은 이러한 팀장의 발언들이 하급자인 인턴과 피해자들의 업무의 오류에 관해 지적하거나 업무수행을 독려하기 위한 발언으로서 일회적 발언에 불과하다는 이유로 직장 내 괴롭힘에 해당하지 않는다고 판결

　살다보면 업무상 필요한 지시나 질책을 할 일이 생길 수 있는데, 상대방에게 상처를 주는 언행은 지양하고 직장 내 괴롭힘으로 오해 받을 수 있는 상황을 원천적으로 차단하는 것이 가장 좋

을 것 같습니다. 그럼에도 불구하고 부득이하게 상대방에게 공격적으로 받아들여질 수밖에 없는 강한 질책을 해야 한다면, 업무와 관련한 내용에 한정하여 비공개적으로 말하고, 가능한 한 모욕적이고 비하적인 표현을 하지 않고, 객관적이고 건설적인 의사소통을 해야 할 것으로 생각됩니다.

동료 상호 간에 감사하는 마음이 넘치는 우리 사무실에서는 이런 일이 발생하지 않을 것이지만 정보공유 차원에서 한 번 적었습니다. 오늘도 수고하세요. 《감사 메일 46》

출근 루틴에 사무실
동료에게 아침인사를
추가합시다

 수능일입니다. 사무실 동료 중 자녀가 수능 보시는 분은 좋은 성과 있기를 기원합니다.

우리가 하루 깨어 있는 17~18시간 중 2~3시간은 출퇴근하고, 사무실에서 9시간 이상을 보냅니다. 가족과 보내는 시간은 2~3시간밖에 안 되니, 옆자리에 있는 동료가 실질적인 가족이라고 할 수 있겠습니다.

화목한 가족은 친밀해서 칭찬도 자주하고 대화도 자주한다고 합니다. 우리 사무실 식구들은 어떠신가요. 바쁘다는 핑계로 옆 사람과 대화는 거의 없고, 각자 맡은 일에 열중하고 계신 것은 아닌지요. 옆 사람의 사소한 변화(옷, 헤어스타일, 피부톤 등)에 반응을 해주신 적이 있는지요.

승진자 교육 시 교육생들에게 "언제 행복했냐"고 물었더니,

대부분 "회사에서 승진했는데 가족이 칭찬해줄 때 행복했다"고 응답했습니다. 회사와 가정에서 동시에 인정받았다는 의미겠지요. 승진이 아닌 평소 삶에 있어서 인정받는 것은 뭘까요. 아마도 같은 사무실에 있는 동료의 따뜻한 말 한 마디가 인정이고 '소확행'일 것입니다.

우리 모두 사무실 동료들에게 아침에 "굿모닝" 또는 "좋은 아침입니다"라고 소리쳐 인사합시다. 또는 "오늘 헤어스타일이 멋지십니다", "오늘 코디 넘 잘 어울리십니다" 등의 칭찬도 좋을 듯합니다.

《감사 메일 47》

자 신 부 터　사 랑 하 고
칭 찬 합 시 다

 지난 주말 어떻게 보내셨는지요. 저는 첫 눈을 맞으며 등산을 했습니다.

토요일 이른 아침 평소처럼 눈을 뜨고 바로 대관령으로 출발했습니다. 커피와 김밥 한 줄로 아침을 대충 해결하고, 열심히 운전해서 대관령에 도착하니 10시더군요. 서울을 출발해서 원주까지는 화창한 늦가을 날씨였으나, 평창 진부쯤 오니 갑자기 고속도로 주변 산들의 나뭇가지에 하얗게 눈꽃이 피어 있고, 길가에 눈이 하얗게 쌓여 있었습니다. 아무 생각 없이 등산하러 왔는데, 초겨울을 맞보게 된 것입니다. 강아지처럼 갑자기 신이 났습니다. 옛날 영동고속도로 대관령 휴게소에 주차를 하고, 밖으로 나오니 온도계가 섭씨 0도를 가리킵니다. 흐린 날씨에 진눈깨비가 차분하게 내리니 기분이 좋았습니다.

목적지는 백두다간 능선 선자령입니다. 선자령은 대한민국 백패킹의 성지라고 불리는 곳입니다. 대관령 휴게소에서 선자령 정상까지는 편도 5.5km 거리입니다. 대관령 휴게소의 해발고도가 750m, 선자령 정상이 1,157m, 대충 400m만 올라가면 되는 걷기 좋은 등산길입니다. 보통 왕복 3시간 정도 걸립니다.

저는 배낭에 물 한 병과 간식을 좀 넣고 비니 모자에 겨울 장갑, 경량패딩 미드 레이어와 고어텍스 자켓을 입고 산에 올랐습니다. 자켓에 떨어지는 진눈깨비 소리를 들으면서 걷다보니 마음과 정신이 맑아지더군요. 선자령이 가까워지면서 능선에서 시원한 겨울바람도 맞으면서 정말 행복한 힐링의 시간을 보냈습니다. 선자령 정상은 바람이 많이 불다보니 풍력발전기가 엄청 많습니다.

백두대간 선자령 정상석 앞에서 잠시 쉬다가 하산하는데, 100명이 넘는 백패커들이 선자령을 향해서 자신보다 큰 배낭을 메고 산을 오르더군요. 즐거운 산행 되시라는 인사를 나누면서 하산했는데, 과거 제가 열심히 백패킹 다니던 때가 생각났습니다.

그때와 다른 것은 여성 등산객 비율이 엄청 많아졌다는 것입니다. 코로나 전에는 대부분 중년 이상의 남성들이었는데, 이제는 젊은 남녀가 대부분입니다. 게다가 올라오는 분들의 복장과 장비를 보니 완전히 벤츠급으로 도배를 했습니다. 소위 돈 좀 들였더군요. 부러우리만큼 스스로한테 플렉스를 하고 있다는 생각이 들었습니다.

연말입니다. 예전에 쓴 감사 메일에 자기 자신을 칭찬하고 사랑하자고 말씀드린 적이 있는데, 주변분들에게 감사의 말씀과 선물을 드리는 것도 중요하지만, 자신에게도 1년에 한 번쯤은 선물(플렉스)을 합시다.

《감사 메일 53》

경청하는 리더 & 인정하는 리더

며칠전 저녁 식사 시간에 바람직한 리더에 대한 이야기가 있었습니다. 발랄한 MZ 세대와 같이 살아가는 요즘 세상에서 바람직한 리더상은 어떤 것인가에 대한 이야기였는데, 결론은 '경청의 리더 & 인정하는 리더'가 되어야 한다는 것이었습니다.

『성공하는 사람들의 7가지 습관』의 저자인 스티븐 코비도 책에서 '성공하는 사람과 그렇지 못한 사람의 대화 습관 차이는 경청하는 습관'이라고 했습니다. 경청은 상대방의 이야기를 반박하려고 열심히 집중해서 듣는 것은 아니고, 타인의 이야기나 의견을 진심으로 존중하는 마음으로 듣는 것입니다.

경청도 3단계로 나눌 수 있는데, 첫 번째가 '귀로 듣는 일상적 경청'입니다. 사실이나 정보를 듣는 수동적 경청으로 정보수집에

초점을 두고 있습니다. 두 번째는 '적극적 경청'입니다. 듣다가 적절한 질문을 던짐으로써 신중하게 듣고 있음을 표현하는 것입니다. 세 번째는 '마음으로 듣는 직관적 경청'입니다. 사심을 두지 않고 진심으로 들어주는 것입니다. 이왕이면 두 번째, 세 번째 경청이 바람직하겠죠.

인정하는 리더는 이순신 장군 같은 리더입니다. 이순신 장군은 선조 임금에게 여러 번 장계(狀啓)를 올렸습니다. 왜군을 격파한 각종 대첩에서 공을 세운 사람들의 이름을 장계에 일일이 거명했는데 부하장수, 군졸, 심지어 노비의 이름과 노고를 적어 올렸다고 합니다. 이렇게 인정받은 휘하 부하와 백성(노비)들이 죽음을 두려워하지 않고 왜적들과 싸우니, 연전연승 할 수 있었을 것입니다.

하루의 대부분을 보내는 회사와 가정에서 '칭찬하는 리더, 인정하는 리더'들이 많다면, 참 사는 맛이 나고 즐겁겠습니다. 오늘도 옆자리 동료에게 엄지척 인사 자주 하시고, 즐겁게 일하시기 바랍니다.

《감사 메일 56》

11월 마지막 불금, 정말 수고 많으셨습니다

11월 마지막 불금입니다. 11월 한 달, 모두 바쁘셨지요. 고3 자녀를 둔 부모는 수능이라는 큰 짐을 벗었고, 가정에서는 김장과 뽁뽁이 설치 등 겨울나기를 준비하느라 바빴을 것입니다. 회사에서는 금년도 성과에 대한 반성과 내년도 사업계획 등을 세우느라 수고하셨습니다.

제가 이번 달에 한 일 중 가장 의미있는 것은 광주에 계시는 아버지께 100감사 족자를 만들어서 보낸 것입니다. 내용이 많다 보니 현수막 크기로 만들어서 보냈는데, 형님이 아버님이 주무시는 방 한 켠에 걸어주셨습니다.

요즘 약간의 건망증 증세가 있으신 아버지께서 저에게 직접 전화를 걸으셔서 "이렇게 당신을 고맙게 생각해 100감사를 보내주니 고맙다"고 하시더군요. 맘이 뿌듯해졌습니다.

　　100감사 족자에는 제가 살면서 기억하는 아버지에 대한 추억과 일들을 적었는데, 쓰는 동안 저도 기쁨과 행복의 눈물을 많이 흘렸습니다. 매일 벽에 걸린 100감사 족자를 읽으시면서 혼자 사시는 아버지가 잠시나마 외로움을 잊고 행복해하시면 좋겠다는 바람뿐입니다.

　　날씨가 쌀쌀하고 폭설이 내린 뒤라 이번 주말에는 다들 가족들과 보내는 분들이 많을 것 같습니다. 살다 보니 가족만큼 중요한 것이 없더군요. 별 말을 하지 않더라도 이심전심으로 통하고 힘들 때 기댈 수 있고 마음을 의지할 수 있으니까요.

　　이렇게 쌀쌀한 날에 사랑하는 가족에게 20감사 혹은 30감사의 글을 적어서 카톡으로 보내주거나 직접 읽어주시면 정말 좋겠다는 생각이 듭니다. 받으시는 분이 행복해하는 것은 당연하고, 써 보내는 분이 더 행복할 것입니다.

　　출근하다 뉴스를 들으니, 미국 시간으로 오늘이 추수감사절(Thanksgiving Day)입니다. 우리로 말하면 추석입니다. 우리도 추석날 객지에 떨어져 사는 가족들이 모여 감사의 식사를 하는 것처럼, 미국 사람들도 가족들이 한데 모여서 칠면조 고기를 먹으면서 서로 감사하고 행복해하는 날입니다. 이번 주말에도 이런저런 의미를 부여해서 즐겁고 행복한 시간을 보내시길 기원합니다.

《감사 메일 57》

성공한　사람들이
"운이　좋았다"라고
말하는　이유

동서양을 막론하고 크게 성공한 사람들은 인터뷰에서 성공비결은 "운이 좋았다"라고 말하는 경우가 많습니다. 왜 그럴까요. 그리고 진실은 뭘까요.

1975년 마이크로소프트를 창업하고 세계 최고 갑부에 올랐던 빌 게이츠는 "나는 운이 좋았다. 13살 때 대부분의 미국 학교에 컴퓨터가 없었지만, 내가 다닌 시애틀의 레이크 사이드 사립학교에는 컴퓨터가 있었다. 그 덕분에 어린 시절부터 코딩을 배울 수 있었고, 결국 마이크로소프트를 창업하는 계기가 되었다"라고 여러 번 말하였습니다.

『해리 포터』의 작가 J.K. 롤링은 책이 출판된 것은 천운이었다고 여러 차례 밝혔습니다. 그녀는 싱글맘으로 힘든 생활을 하면서 원고를 썼습니다. 그 원고는 12개 출판사에서 거절당했지만,

우연히 한 출판사 사장의 딸이 원고를 보고 흥미를 느끼면서 출판이 결정되었습니다. 만약 그 출판사의 사장이 원고를 집으로 가져가지 않았더라면, 해리 포터 시리즈가 세상에 나오지 못했을 수도 있습니다.

유명한 할리우드 배우 해리슨 포드도 운이 좋은 사람입니다. 그는 영화업계에서 배우로 성공하지 못하고 목수 일을 하고 있었는데, 조지 루카스 감독이 <스타워즈> 오디션을 볼 때 목수 일을 하던 그를 현장에서 캐스팅했습니다. 그는 <스타워즈> 출연으로 한 순간에 스타가 되었고, 이후 <인디아나 존스> 시리즈까지 이어지면서 전설적인 배우가 되었습니다.

성공한 사람들이 스스로를 "운이 좋았다"라고 말하는 데에는 몇 가지 이유가 있습니다.

성공한 사람들은 자신과 같은 능력을 갖고 부단히 노력했음에도 성공하지 못한 사람들이 주변에 많다는 것을 압니다. 그래서 자신의 재능이 특별하기 때문에 성공한 것이 아니라, 운이 결정적인 역할을 했다고 생각하는 경우가 많습니다. 성공한 사람들은 자신의 노력과 능력에 외부요인(예: 좋은 기회, 주변의 도움, 시대적 흐름 등)이 더해져서 성공을 이루었다는 것을 항상 인식하고 있으며, 성공을 이뤄준 외부요인에 공을 돌리는 겸손한 마음의 표현입니다.

프로야구에서 상대팀 타자를 단 1명도 1루 베이스에 출루시키지 않고 완벽하게 경기를 종료시키는 퍼펙트 게임은 투수에게 최고의 영광입니다. 27명의 타자를 모두 아웃시켜야 하는데, 피안타, 볼넷, 몸에 맞는 공, 실책 등이 전혀 발생하지 않아야 해서 야구에서 가장 어려운 기록입니다. 1982년 출범한 한국드로야구에는 아직까지 퍼펙트 게임을 이룬 선수가 없습니다. 미국프로야구(MLB) 150년 역사에서 단 24번만 기록됐습니다.

퍼펙트 게임을 달성하기 위해서는 선수들의 월등한 기량에 운이 있어야 합니다. 첫째, 9회까지 완투할 수 있는 체력과 강한 멘탈을 갖고 있는 투수의 당일 컨디션이 절정을 이뤄야 합니다. 유난히 변화구가 잘 들어가고, 제구력이 절정에 오르고, 심판의 스트라이크 존이 투수에게 유리하게 형성되어야 가능합니다. 둘째, 야수들의 기막힌 수비력이 있어야 합니다. 아무리 최고의 투수라도 27명을 모두 삼진으로 아웃시킬 수는 없습니다. 간혹 한두 개의 실투로 안타성 타구가 나올 때 야수들의 호수비가 쪽 있어야 합니다. 마지막으로 운입니다. 야구장 내야 그라운드에서 불규칙 바운드가 나오지 않아야 하고, 타자가 때린 안타성 타구가 모두 수비수 앞으로 날아가야 합니다.

성공한 사람들의 성공요인은 기본적으로 잘 준비된 실력입니다. 실력을 갖춘 상황에서 운을 잡아서 남들이 이루지 못한 성공을 하는 것이지요. O, X퀴즈 100문제를 맞추는 게임에서 성공한 사람들은 대부분 운이 좋았다고 말합니다. 98번까지 제대로 알고 있었는데, 정답을 잘 모르던 99번 100번 문제를 찍었는데, 운이 좋게 다 맞았다고 하면서요. 이 사람은 98개를 맞출 수 있는 실력이 있었기에 운(확률 25%)이라는 기회를 잡을 수 있었던 것입니다. 90개를 정확히 맞춘 사람이 91개부터 찍어서 100개를 다 맞출 수 있을까요? 결론은 철저히 준비한 사람만이 운을 잡아서 성공할 수 있다는 것입니다. 많은 사람들이 부러워할 성공을 이루고 '운이 좋아서'라고 말씀하시는 분들이 회사나 주변에 많으면 좋겠습니다.

《감사 메일 87》

우리나라 프로축구 선수 중 최고 연봉을 받는 선수는 누구일까요? 다들 손흥민일 것이라 생각하겠지만, 독일 바이에른 뮌헨에서 수비수로 활약하고 있는 김민재 선수입니다. 그의 연봉은 무려 1,700만 유로. 우리 돈으로 약 251억 원입니다. 2위는 현재 토트넘의 주장이자 세계적인 윙포워드 손흥민이며, 그는 180억 원을 받고 있습니다. 3위는 프랑스 PSG에서 활약 중인 이강인 선수로 100억 원입니다.

화려한 공격수 손흥민, 이강인보다 수비수 김민재가 더 높은 연봉을 받고 있습니다. 공격수에 비해 수비수가 비교적 적은 연봉을 받는다는 일반적인 통념을 뒤엎는 이유가 무엇일까요?

김민재는 2022년 이탈리아 나폴리 팀에 합류해 곧바로 주전 센터백으로 자리잡았습니다. 그는 훌륭한 신체 조건과 빠른 스피드, 지능적인 수비력을 바탕으로 팀의 후방 수비를 든든히 지켰습니다. 그 덕에 나폴리가 2022~23시즌에 33년 만의 이탈리아 프로축구 세리에A 우승을 거머쥐었는데, 1등 공신으로 지목되었습니다. 그는 2023년 독일 뮌헨으로 이적했는데, 수비수로는 이례적으로 거액의 연봉을 받게 된 것입니다.

야구에서 투수가 퍼펙트 게임을 달성하려면, 투수, 포수, 수비진의 우수한 기량과 운이 있어야 하듯, 축구에서도 우승을 하려면 골 결정력이 있는 공격수, 어시스트를 잘해주는 미드필더, 탄탄한 수비수와 골키퍼가 있어야 합니다. 아울러 훌륭한 감독의 전략이 있어야 합니다.

회사에서도 마찬가지일 것입니다. 훌륭한 경영진, 최고의 제품을 개발하는 연구자, 매출을 일으키는 영업맨, 적기에 제품을 생산해주는 생산팀, 지원팀이 잘 조화를 이뤄야 할 것입니다. 이와 관련하여 고인이 되신 이건희 삼성그룹 회장이 쓰신 에세이집 『생각 좀 하고 세상을 보자』에 있는 「캐처가 되자」를 첨부합니다. 이 책은 1997년 4월부터 9월까지 동아일보에 연재되었던 이건희 회장의 수필을 모은 것입니다. 이건희 회장께서 오래 전 쓰신 글이지만 지금도 공감하게 됩니다.

《감사 메일 90》

온 국민의 사랑을 받고 있는 프로야구에서 승패의 70%는 투수에 달려 있다고 한다. 따라서 투수에게 화려한 스포트라이트가 집중되는 것은 어쩌면 당연한 일이다. 하지만 항상 쭈그리고 앉아 투구 하나하나를 리드하고 투수의 감정을 조절해가며 수비진 전체를 이끌어가는 포수가 없는 야구를 상상할 수 있는가. 비록 드러나지는 않지만 팀의 승패를 실제로 좌우하는 결정적 역할을 하는 포지션이 바로 포수인 것이다.

기업이나 사회에서도 마찬가지다. 빛나는 성공 뒤에는 항상 주목받지 못하는 그늘에서 자신의 역할을 묵묵히 수행하는 포수 같은 사람들이 있게 마련이다. 과거 기업에서는 '일하는 데 머리만 있으면 되지 마음이 무슨 소용인가'라는 생각이 지배적이었다. 차갑고 냉정하더라도 일만 똑부러지게 잘하면 인정을 받았던 것이다. 부하들로부터 악명이 드높더라도 저돌적으로 밀어붙여 주어진 과제를 반드시 해내는 사람은 오히려 유능한 관리자로 평가받았다. 모든 평가가 업적과 능력에만 기준을 두고 상사에 의해 일방적으로 이루어졌기 때문에 '해바라기형 관리자'를 양산했던 것이다.

그러나 지금과 같은 정보화사회, 지식사회에서는 휴먼네트워크가 더욱 중요하다. 각자가 보유한 정보와 지식은 인간관계의 결속에 의해 합쳐질 때 훨씬 큰 힘을 발휘하기 때문이다. 혼자 똑똑한 사람, 차가운 사람보다는 마음이 열려 있는 사람, 함께 어울리기 좋아하는 사람이 강점을 갖게 된다. 길을 가는데 어린아이가 넘어져 있으면 아무리 급해도 뛰어가서 일으켜 주는 마음, 남의 불행을 자기 일처럼 가슴 아파하고 다른 사람의 기쁨에 진심으로 박수를 보내는 마음을 가진 훈훈하고 미더운 사람이 보다 요구되는 세상이다.

결국 인간미의 본질은 자신을 희생해서라도 상대방을 진심으로 아끼고 보살피는 마음에 있다. '직장인으로서 성공의 80%는 지능지수가 아닌 감성지수(EQ: Emotional Quotient)에 의해 결정된다'는 최근의 연구결과에서도 알 수 있듯이 결국 조직생활에 있어서도 지식이나 학식 이전에 따뜻한 인간미가 있어야 한다는 것이다.

따라서 사람에 대한 평가도 신중하게 이루어져야 한다. 기업이 사람을 잘못 평가하게 되면 기업의 전 구성원이 평가에 대해 불신을 갖게 되고 일에 대한 의욕이 떨어지는 등 손실이 막대하기 때문이다. 포수와 같은 사람들이 회사에서 많아지려면 자기 일보다 동료 일을 먼저 도와주면서 묵묵히 일하는 사람이 올바른 평가를 받을 수 있어야 한다.

그러려면 평가기준을 인간미, 도덕성 등 감성적 요소 중심으로 전환해야 한다. 동시에 윗사람만의 단면평가뿐만 아니라 반드시 동료 하급자의 평가까지 균형있게 고려하는 360도 다면평가의 개념을 하루속히 적용해야 한다. 이제부터라도 포수의 가치를 새롭게 인식해야 한다. 포수처럼 그늘에 숨은 영웅이 대우 받고, 그들이 보람을 느끼면서 일할 수 있는 기업, 국가가 바로 선진기업, 선진국인 것이다.

　　서울대학교 영문학과를 졸업하고 서울에서 대기업에 다니다 결혼한 딸 금명과 제주도에서 고등학교를 졸업하고 군대 갔다가 제대하면서 손주를 임신한 며느리를 데려온 백수 아들 은명. 이 둘 중 누가 더 효자일까? 드라마 <폭싹 속았수다>를 본 친구들 사이에서 논쟁이 붙었습니다.

　　고등학교까지 공부를 제일 잘한 데다 서울대학교 졸업하고 대기업에 입사한 딸이 결혼할 때까지는 부모의 자랑이었을 것입니다. 반면, 공부는 하지 않고 염색한 머리에 맨날 학교에서 사고 뭉치여서 부모님을 학교로 호출시키는 아들은 부모님의 걱정거리였을 것입니다.

　　하지만 자식들이 결혼해서 살다보면, 잘나서 서울이나 해외에 사는 자식은 부모가 아프다고 해도 오지도 못하고 고작 전화통화로 안부나 묻는 것이 전부입니다. 반면, 능력이 모자라서 부모님 곁에서 사는 자식은 매일 부모님 안부를 챙기는 경우를 자주봅니다.

옛말에 '등 굽은 소나무가 선산을 지킨다'는 속담이 있습니다. 자랄 때부터 반듯하고 올곧게 뻗은 소나무는 일찌감치 대들보 재목감으로 베어져서 팔리고, 쓸모가 없어 눈길조차 주지 않은 등 굽은 소나무는 누구도 건드리지 않아 끝까지 선산을 지킨다는 말입니다.

시골 출신이다 보니 주변에 금명이 같은 자식을 키우는 부모를 많이 봤습니다. 부모는 어려운 살림에도 논 팔고 밭 팔고 심지어는 조상이 물려준 선산까지도 손대면서 잘난 자식을 대학까지 보내고 취직시켜서 시집장가 갈 때는 신혼집 마련까지 헌신적으로 뒷받침합니다.

그런데 정작 잘난 자식은 저 잘나서 명문대학에 가고 취직해서 성공한 줄로 알고, 부모가 어려울 때 멀리 산다는 핑계로 찾아뵙지도 않고 살가운 전화도 자주 하지 않습니다. 반면, 실력이 없어 대학도 못가고 부모 밑에서 농사일을 거들던 구박덩이 자식은 끝까지 부모를 봉양하며 함께 사는 경우가 많습니다. 부모가 늙어 몸이 아파 병원에 모시고 가는 것도 어린 시절 무능하다고 부모에게 타박만 당했던 자식의 몫입니다. 옛 속담에 '눈먼 자식이 효도한다'는데 이런 것을 두고 한 말인 것 같습니다.

'한 아버지는 열 아들을 키울 수 있으나, 열 아들은 한 아버지를 봉양하기 어렵다'는 독일 속담이 있습니다. 부모는 자식이 배부르고 따뜻한가를 늘 신경쓰지만 자식들은 부모의 배고프고 추운 형편을 마음에 두지 않는다는 말입니다. 결국 여기서 생각해봐야 하는 것은 '자식들을 비교하지 말라'는 것 같습니다. 어린 시절 공부 잘한 녀석을 예뻐하고 공부 못하는 아이에게 공부 잘하는 누나, 형의 반만 따라가보라고 꾸짖었던 것을 부모가 나이 들어서 그렇게 후회한다고 합니다.

미국의 26대 대통령 시어도어 루스벨트도 '비교는 인생의 기쁨을 훔쳐가는 도둑이다(Comparison is the thief of Joy)'라고 말한 것을 보면 동서고금의 생각이 비슷한 것 같습니다.

동료들과 얘기를 나누다보면 자식공부, 경제적 여유, 진급 등을 주변 사람들과 비교하면서 스스로를 매일 걱정거리에 빠트리는 것을 자주 봅니다. 자식과 가족을 남과 비교하는 것은 바로 멈춰야 할 일입니다. 비교하지 말고 당장 자신과 가족의 특별함을 찾고 이것을 칭찬하고 사랑하는 법을 배우면 좋겠습니다.

《감사 메일 99》

♥ "더도 말고 덜도 말고 한가위만 같아라." '한가위', 추석(秋夕)입니다. '한가위'는 '크다'라는 뜻의 '한'과 '가운데'를 뜻하는 '가위'라는 옛말을 더한 말이라고 합니다. 음력 8월의 한가운데 있는 큰 날이라는 의미로 일 년 중 가장 크고, 밝은 만월(滿月)을 만나는 음력 8월 15일, 큰 명절입니다.

조선 후기 문인 유만공(柳晩恭)의 '추석'이라는 시에서 표현한 '무가무감사가배(無加無減似嘉俳)'에서 유래하는 "더도 말고 덜도 말고 '한가위'만 같아라"라는 말처럼 추석(秋夕)은 풍요롭고, 넉넉함을 나타내는 명절입니다.

올여름은 유난히 살인적인 폭염이 길어진 탓에 예년과 같은 선선한 가을 추석이라는 느낌은 덜합니다. 하지만 추석은 햅쌀로 빚은 송편과 햇과일로 음식을 장만해서 추수를 감사하는 차례를 지내고, 맛있는 음식을 이웃과 나눠 먹으며 즐거운 하루를 보내는 만큼 즐거움을 얻은 것에 대한 감사를 잊지 않은 날일 것입니다.

찌는 듯한 한여름 보내느라 힘드셨을 것입니다. 예전에는 고향 가는 고속도로가 정체되는 귀성행렬이 당연스러웠고 힘든 여정이었습니다만, 요즘은 부모님이 자식 집으로 찾아오는 역귀성이 많아져 오고가는 일이 좀 수월해졌습니다. 한가위에 가족들과 즐거운 시간 보내시기 바라며, 오랜만에 뵙는 가족 여러분께 감사함을 표현해 봅시다. 특히 부모님께 "사랑합니다. 키워주셔서 감사합니다"라고 한 번 크게 말씀해 보십시오. 정말 행복한 추석이 될 것입니다.

《감사 메일 19》

행복호르몬 세로토닌을 만드는 일상 습관

 추석 연휴 잘 보내셨는지요. 가족 친척들이 모여 감사하고 행복한 시간을 보내셨을 것이라고 믿습니다.

저는 추석 연휴 동안 옛날 TV 명화극장에서 방영했던 편당 방영시간이 약 4시간 정도 되는 <전쟁과 평화>, <원스 어폰 어 타임 인 아메리카>를 보았고, 운동도 열심히 하고 식구들과 맛난 음식도 먹으며 즐거운 시간을 보냈습니다.

아울러 감사와 행복 관련 유튜브를 찾다보니 '세로토닌이 많아지면 행복해진다'는 동영상도 봤습니다. 세로토닌은 우리 몸에서 발견되는 신경전달물질로 '행복 호르몬'이라고 불립니다. 이는 우리의 기분과 행동을 조절하는 중요한 역할을 하는데, 수치가 낮으면 우울증, 불안, 피로, 불면증 등의 증상을 야기할 수 있습니다.

이렇게 중요한 세로토닌을 넘치게 만들려면 어떻게 해야 할까요? 현재 90세임에도 왕성한 활동을 하고 계시는 이시형 박사님 (현 세로토닌문화원장) 처방에 따르면 아침 햇살 쬐기, 가볍게 걷기, 사랑하는 사람과 스킨십 하기 등입니다. 큰 돈 들이지 않고 아침에 20분만 시간을 내어서 걷고 저녁에 퇴근해서 사랑하는 가족들과 스킨십을 하면 된다는 것입니다.

햇빛 노출이 적으면 '계절성 우울증'이 올 수도 있답니다. 계절성 우울증은 1년 중 햇빛 노출이 적은 시기에 발생하는 것으로 보통 남성분들보다 여성분들에게 많이 나타난다고 합니다. 증상으로는 기분 저하, 에너지 감소, 수면 문제 등이 있습니다.

오늘부터 낮 최고기온이 30도 아래로 떨어진다고 합니다. 어제까지의 폭염도 이제 숨을 죽이는 것 같습니다. 가벼운 아침 산책부터 시작해 세로토닌을 늘려보시면 어떨런지요. 작은 일상들이 만들어주는 행복을 쌓아가면 좋을 듯합니다. 《감사 메일 20》

클래식 음악 감상으로 행복해집시다

일상에서 행복해지는 방법에 뭐가 있을지 여기저기 뒤져보는 경우가 많습니다. 큰 돈 들이지 않고 별도의 시간을 내지 않으면서 일상생활 중 잠시 짬을 내서 행복호르몬 '세로토닌'을 만드는 방법의 하나로 음악감상이 있습니다. 음악감상만 있겠습니까. 이미 말씀드린 이시형 박사님의 아침 햇빛 쐬기, 산책, 스킨십뿐만 아니라 운동과 미술감상, 명상, 독서, 감사일기 등등 참 많지요.

개인적으로 클래식을 제대로 접한 것은 고등학교 1학년 때입니다. 1학년 담임선생님이 음악 선생님이셨습니다. 그분의 수업은 베에토벤, 슈베르트, 바하, 비발디 등 유명한 작곡가의 클래식 음악을 감상하는 수업이었습니다. 수업시간에 유명한 교향곡의 주제 부분과 주제 부분이 어떻게 변주되는지 등을 설명해주시고 음악을 감상하게 하는 것이 전부였습니다. 심지어 중간고사와 기말고사도 스피커로 음악을 들려주시면서 '곡의 제목과 몇 악장이냐'를 묻는 것이 대부분이었습니다. 지금 생각해보면 참 훌륭한 선생님이셨습니다. 그 선생님의 아드님이 요즘 잘 나가는 대중음악 작곡가 '김형석'님입니다. 사설이 길었습니다.

강혜정(21C 능수음악회 회장)님의 중앙일보 칼럼 몇 구절을 통해서 음악요법을 배워보시지요.

환경음악가들은 자연으로부터의 소리를 채취하기 위해 많이 걷는다고 한다. 더불어 건강한 삶을 살아갈 수 있다고 한다. 복잡한 현대 생활에서 몸과 마음의 부조화를 일으키는 배경에는 병이 숨어있기 때문이다. 심신의 긴장이 심한 사람, 정신적인 피로가 쌓이는 사람에게 음악요법으로 치료한 사례들이 발표되고 있고 최근에는 전문음악 치료 연구가 활발해지고 있다.

음악요법에는 '음악연주요법'과 '음악감상요법'이 있는데 음악연주요법은 주로 작업요법의 한 방법이다.

음악감상요법은 정신요법으로 사용한다. 음악요법의 원리는 음악자극이 음악중추인 구피질에 전해져 유쾌한 감정을 불러일으킨다. 그것이 표정으로 나타난다. 정서도 안정되고 마음의 긴장을 풀어줘 정신통일, 사고능력도 순조롭게 된다. 긴장 이완으로 사고능력이 증대되고 기억하는 힘이 향상된다. 또한 음악에는 남녀노소에게 같은 감정을 품게 할 수 있는 특성이 있다.

마음의 상태에 따른 몇 가지 음악의 사례를 들면,

① 우울한 상태에 있는 사람의 감상요법에 효과적인 것으로 베토벤의 '에그몬트 서곡'이나 조지 거쉬인의 '랩소디인 블루'가 있으며, 며칠 듣는 것도 좋다.

② 흥분상태의 마음을 편안한 마음으로 변화시키고 싶을 때 슈베르트의 '8중주곡 제5악장'은 정답고 부드러운 여유를 가지고 행동하게 만드는 곡이다. 슈베르트의 로맨티즘이 전해져 변화된 것이다.

③ 일이 손에 잡히지 않고 의욕이 없어졌을 때는 모짜르트의 '피아노협주곡 제21번', 위로를 받으며 마음이 정적으로 온화해지고 화려한 멜로디 가운데 정다움이 넘쳐 흐른다. 슈베르트의 '교향곡 제9번'도 추천해 볼 만하다. 밝고 스케일이 큰 심포니이지만 제1악장에서 호른 음이 나오며 아름다운 자연을 노래하기 시작한다.

④ 업무에 시달리고 심신이 침체될 때나 슬프고 외롭다고 느낄 때는 차이코프스키의 '감상적인 왈츠'를 들으면 슬픔을 살며시 가시게 해줄 것이다.

⑤ 마음이 무거워 가볍게 하고 싶을 때는 라벨의 '죽은 왕녀를 위한 파반느', 베르디의 '운명의 힘 서곡', 파퓰러한 곡으로 '러브 이즈 블루', 생상스의 '죽음의 무도'를 감상하면 한결 좋아지는 걸 느낄 수 있다.

⑥ 대개 마음의 피로는 몸의 피로를 동반하는 경우가 많다. 모차르트의 '디베르멘토'를 들으며 소량의 와인이나 영양을 취하고 수면을 충분히 하면 더 없이 좋다.

⑦ 이유를 알 수 없이 불안할 때 쇼팽의 '폴로네이즈 제1번, 제5번'이나 라흐마니노프의 '피아노협주곡'을 권한다.

⑧ 슬픈 생각이 들 때 차이코프스키의 '환상적인 왈츠', 모차르트의 '교향곡 40번', 신경을 쓸수록 외로움이 밀려올 때 차라리 충분히 외로워하고 극복하는 방법으로 라모의 정겨운 '클라브생', 베토벤의 교향곡 '운명 제2악장', 모짜르트의 '바이올린 소나타 22번'이 좋다.

⑨ 좋은 생각을 떠오르게 하고 싶을 때 베토벤의 '피아노 소나타 제18번 1악장', 쇼팽의 '폴네이즈 제6번', 마음의 긴장이 계속된 후에는 모차르트의 '플루트와 하프를 위한 협주곡', 파퓰러한 곡들을 번갈아 듣는 것도 좋은 방법이다. 모짜르트 '피아노 협주곡 제20번 로만체', 쇼팽 '피아노 협주곡 제1번'은 편안하다. 야상곡과 같은 아름답고 로맨틱한 곡으로 편안한 꿈의 세계로 이끌어 줄 것이다. 《감사 메일 21》

앞으로의　인생에서
지금이　가장　청춘입니다

이른 아침에 방송사 간부들과 조찬행사가 있어 회사로 출근하지 않고, 시청앞 조선호텔로 바로 갔습니다. 6시 30분경 잠수교를 지나는데 다리 양쪽으로 정말 많은 사람들이 시원한 공기를 맞으며 열심히 달리고 있었습니다. 일부는 다리 한가운데 잠시 멈춰서 일출을 배경으로 사진을 찍기도 합니다. 며칠 전까지만 해도 열대야로 아침에 달리는 것도 고역이었을텐데, 지금은 가장 달리기 좋은 시기가 됐다는 생각이 들었습니다.

요즘 우리 사무실에도 열심히 달리는 분들이 많습니다. 김 전무님, 조 부장님, 이 부장님이 상당히 오랫동안 꾸준히 달리고 있다는 것을 모두 아시죠. 그분들 얼굴을 보면 '광(光)'이 나지 않던가요. 물론 뱃살도 동년배에 비해 많이 없습니다.

저도 개인적으로 달리기를 좋아합니다. 2005년 7월 미국에서 혼자 귀국한 후 여의도에서 기러기 생활을 1년 정도 헀습니다. 저녁시간에 할 일이 없어서 여의도 공원을 밤마다 달렸습니다. 처음에는 2~3바퀴를 달렸는데, 조금 지나다 보니 거의 매일 6바퀴를 달리고 있었습니다. 여의도 공원은 한 바퀴가 2.5km니까 15km씩 달렸습니다.

성공한 명사 중 달리기를 예찬하는 사람이 많습니다. 트위터의 공동 설립자이자 CEO인 잭 도시는 머릿 속 생각들을 정리하기 위해 매일 아침 달리기를 한다고 했습니다. 일본 대표 소설가 무라카미 하루키도 매일 달리기를 했는데, 자신의 정신위생에 중요한 의미를 지닌 작업이었다며 달리기를 예찬하는 것으로 유명합니다.

아침 달리기가 학생들의 성적에도 매우 좋다는 연구결과는 이미 너무나 유명합니다. 시카고 일리노이주 네이퍼빌 센트럴 고등학교는 매일 0교시가 체육입니다. 0교시 체육활동은 아침에 1마일(약 1.6km=운동장 8바퀴)을 달리거나, 자기가 좋아하는 종목을 선택해서 최대심박수(220-나이)의 80~90%로 운동하도록 했습니다. 결과는 대단했습니다. 학생들을 대상으로 실험한 결과 문해력과 집중력이 매우 향상되었고, 1999년에는 팀스(세계 38개국 참여 시험) 과학성적에서 싱가포르를 제치고 1등을 했습니다. 수학에서는 싱가포르, 한국, 대만, 홍콩, 일본에 이어 6등을 차지할 정도였습니다.

15년 전에 친구가 LA 주재원으로 나가게 됐는데 딸아이가 다닌 중학교에서 매일 아침마다 1마일 달리기를 시켰다고 합니다. 한국에서 그다지 공부를 잘한다는 소리를 듣지 않았던 아이였으나, 미국에 가더니 갑자기 좋은 성적을 냈다고 합니다. 3년 만에 한국에 돌아와서도 매일 달리기를 했고 전교에서 탑을 놓치지 않았다고 합니다. 대학 시험에서도 좋은 성적을 내서 원하는 대학에 진학했고, 현재 취직해서 잘 살고 있습니다. 몇 달 전 그 친구가 했던 말이 문득 떠오릅니다. "딸아이가 지금도 매일 1마일 달리기를 하고 있다"고 합니다.

달리기 좋은 계절입니다. 조깅을 시작해보는 것은 어떠실까요. 여러분이 앞으로 살아갈 인생에 있어 지금 오늘이 가장 청춘입니다.

《감사 메일 33》

작가 한강의 노벨문학상 수상 소감과 과거 서울신문 신춘문예 당선 소감이 요즘 화제입니다. 노벨둔학상 수상 소식 이후 언론 인터뷰를 피하던 한강 작가가 서면으로 수상 소감을 밝혔습니다. 그 전문입니다.

"수상 소식을 알리는 연락을 처음 받고는 놀랐고, 전화를 끊고 나자 천천히 현실감과 감동이 느껴졌습니다. 수상자로 선정해 주신 것에 감사드립니다. 하루 동안 거대한 파도처럼 따뜻한 축하의 마음들이 전해져온 것도 저를 놀라게 했습니다. 마음 깊이 감사드립니다."

아울러 아버지 한승원 작가가 밝힌 바와 같이 노벨문학상 수상 관련 기자회견은 하지 않겠다고 전했습니다.

1994년 서울신문 신춘문예 단편소설 『붉은 닻』의 당선 소감도 많이 기사화되고 있습니다. "아파서 쓴 것인지, 씀으로 해서 아팠는지는 알 수 없다. 그저 아프면서 썼다. 밤은 아득하여 끝이 보이지 않았다. 허나 새벽은 늘 여지없었다. 어둠의 여지없음만큼이나 지독한 힘이었다."

노벨상 수상자의 소탈한 품격을 보는 듯한 간결하지만 정감 있는 소감입니다.

저는 노벨문학상 수상자로 선정됐다는 뉴스 속보를 보면서 제가 한국 사람이며 한국어를 사용한다는 것에 대해 큰 자부심이 생겼습니다. 그런데 갑자기 이런 생각이 들었습니다. 요즘 한국어가 정체불명의 상태로 빠져들고 있는 것은 아닌지 말이지요. 20대 후반 자식들과 얘기를 하다 보면 그들이 줄임말을 너무 많이 사용해 도저히 이해가 안 되는 경우도 많고, 단어에 '개'와 같은 접두어가 들어가 있는 경우도 있어 듣다 보면 좀 불편하게 생각한 적이 많았습니다.

인간은 언어로 생각하며, 표현할 수 있는 어휘만큼 사고할 수 있다고 합니다. 어휘가 부족하면 생각이 빈곤해지고, 창의력이 줄어들며 품격도 낮아집니다. 언어는 인격이며, 어떤 말을 쓰는지가 그 사람의 됨됨이를 결정합니다. 예쁘고 아름다운 우리말을 쓰는 것이 좋겠다는 생각이 듭니다.

참고로 김수영 시인은 60년 전 수필에서 '가장 아름다운 우리말 열 개'를 꼽았습니다. 마수걸이, 에누리, 색주가, 은근짜, 군것질, 총채, 글방, 서산대, 부싯돌, 벼룻돌 등의 단어는 장사하던 아버지와 상인들에게 배운 '삶터 말'이 대부분입니다. 문장가인 고종석이 김수영을 흉내내 골라낸 가장 아름다운 우리말 열 개는 가시내, 서리서리, 그리움, 저절로, 설레다, 짠하다, 아내, 가을, 넋, 술입니다.

여러분이 생각하시는 아름다운 단어 또는 우리말 열 개는 무엇인지요?

《감사 메일 30》

오전에 가량비가 내리니 가을 정취가 확연히 느껴집니다. 가을 분위기에 알맞은 아침음악 한 곡을 보내드리겠습니다. 10월이 되면 으레 떠오르는 대표곡 ‘10월의 어느 멋진 날에’입니다.

이 노래는 원래 노르웨이의 가곡으로 작곡가이자 피아니스트인 롤프 뢰블란(Rolf Løvland)이 작곡하고, 브리트 비베르그(Britt Viberg)가 작사해 엘리사베트 안드레아센(Elisabeth Andreassen)이 처음 불러 1992년에 발표했습니다. 이후 시크릿 가든의 데뷔 앨범에 「Serenade to Spring(봄의 세리나데)」라는 제목으로 연주곡이 실렸습니다.

우리나라에서는 한경혜가 가을에 어울리는 한국어 가사를 붙여 ‘10월의 어느 멋진 날에’라는 제목으로 바리톤 김동규가

2000년에 발표하며 유명해졌습니다. 원래는 봄 노래였던 것이
우리나라에 들어오면서 가을 노래가 됐군요. 《걷사 메일 31》

10월의 어느 멋진 날에

눈을 뜨기 힘든 가을보다 높은
저 하늘이 기분 좋아
휴일 아침이면 나를 깨운 전화
오늘은 어디서 무얼 할까

창밖에 앉은 바람 한 점에도
사랑은 가득한 걸
널 만난 세상 더는 소원 없어
바램은 죄가 될 테니까

가끔 두려워져 지난 밤 꿈처럼
사라질까 기도해
매일 너를 보고 너의 손을 잡고
내 곁에 있는 너를 확인해

창밖에 앉은 바람 한 점에도
사랑은 가득한 걸
널 만난 세상 더는 소원 없어
바램은 죄가 될 테니까

아아아아아
아아아아아
아아아아아
아아아아

살아가는 이유 꿈을 꾸는 이유
모두가 너라는 걸
네가 있는 세상 살아가는 동안
더 좋은 것은 없을 거야

10월의 어느 멋진 날에

손욱 사외이사의 말씀과
행복일기 쓰기

손욱 사외이사께서 그룹 임원을 대상으로 '능동감사 문화와 일진그룹의 혁신'에 대해 강연해 주셨습니다. 능동감사문화를 왜 해야 하며, 일진그룹이 초일류기업으로 변모하는 데 있어 어떤 전략과 조직을 만들어야 하는가에 대해 갈씀하셨습니다.

초일류기업이 되기 위한 5가지 요소는 ① 초일류 조직문화(능동감사문화) ② 초일류 혁신경영 ③ 초일류 품질경영 ④ 초일류 기술 ⑤ 리더십입니다.

손 이사께서는 초일류 능동감사문화를 만들기 위해 125운동의 습관화(3주), 체질화(3개월) 군화화(3년)를 요청하셨습니다. 1일 1선행, 월2권 독서, 1일 5감사일기 쓰는 것을 완벽하게 생활 속에 루틴화하는 것입니다.

1선행은 나눔을 통한 상생이며, 2권의 독서는 단순히 책을 읽는 것이 아니라 읽은 책이나 자료에 대해서 토론하는 문화를 만드는 것이며, 5감사일기는 감사(칭찬)을 생활화하는 것입니다. 125운동을 열심히 하면, 열린 마음으로 남의 말을 경청하게 되고, 신뢰를 바탕으로 존중·배려·칭찬하는 마음을 갖게 되고, 의견(뜻)이 통해서 합의·공감이 커지는 3통(通)이 이뤄지면 개인, 회사, 국가가 행복해진다고 합니다.

특히 감사나눔의 습관화, 체질화를 위해 ① 5감사일기, 100감사쓰기 ② 감사해요, 사랑해요, 미안해요, 소중해요 말하기 ③ 감사편지, 감사문자, 감사카드 등 나누기를 주변 동료와 가족들에게 열심히 하라고 권장하셨습니다.

어제 행복일기 노트를 나눠드렸습니다. 180일 분량입니다. 열심히 쓰셔서 체질화를 이뤄보시길 바랍니다.　　　　　《감사 메일 48》

뇌 스캔 기술이 발달하기 전까지 뇌과학자들은 인간의 뇌는 백지상태로 태어나 유아기와 어린 시절에 완성되어 고착화된다고 믿었답니다. 하지만 기술발달로 점차 정밀한 뇌 스캔이 가능해지면서 뇌는 끊임없이 변화한다는 새로운 사실들이 하나 둘 밝혀졌는데. 이를 '뇌 가소성(Neuroplasticity)'이라 합니다.

뇌 가소성 이론에 따르면,

① 뇌는 지속적인 경험과 학습을 통해 새로운 정보를 배우거나 반복적인 경험을 할 때, 뇌의 신경세포(뉴런) 간의 연결이 강화되거나 새롭게 형성됩니다. 지속적인 경험과 관련된 사례로, 피아니스트들이 양손을 동시에 사용해 연주하기 때문에 뇌의 운동피질과 청각피질이 일반인보다 크게 발달되어 있습니다. 새로운 정보 습득 반복과 관련된 사례는,

성인이 된 이후에 새로운 언어를 배우게 되면, 새로운 언어 습득으로 뇌의 해마와 전두엽이 활발하게 변화합니다.

② 환경이나 상황에 맞춰 손상된 뇌의 일부 기능을 뇌의 다른 부위가 대신하는 경우가 있습니다. 뇌졸중으로 뇌의 일부가 손상되면, 환자는 특정 기능을 잃을 수 있습니다. 하지만 물리치료와 반복적인 재활운동을 통해 뇌의 다른 영역이 손상된 기능을 대신할 수 있는 회로를 형성합니다. 오른쪽뇌 손상으로 오른팔 사용을 못하던 뇌졸중 환자가 꾸준한 재활훈련을 통해 왼쪽뇌가 오른팔 기능을 담당해 오른팔을 사용하는 경우가 나타납니다.

위와 같이 뇌에 새로운 경험이나 자극이 가해지면 우리의 뇌는 언제든 변할 수 있습니다. 따라서 나이가 들어 더 이상 바뀔 수 없다고 체념하거나 혹은 더 이상 할 수 없다고 핑계 댈 이유가 없어진 것 같습니다. 그럼 감사일기 쓰기를 습관화하면 뇌가소성 이론에 따라 어떤 일이 벌어질까요?

감사일기 쓰기는 매일 감사한 일을 기록하는 습관입니다. 매일 감사일기 쓰기는 뇌가 긍정적인 경험과 감정을 기억하고 강화하는 데 도움을 줍니다. 우리가 감사한 일을 기록하면, 뇌는 감사한 그 순간을 더 자주 떠올리며 긍정적인 감정을 자극합니다. 이 과정에서 뇌의 긍정적인 감정을 처리하는 영역이 활성화되고, 이는 뇌가 긍정적인 신경망을 형성하는 데 기여합니다.

감사일기 쓰기를 통해 긍정적인 사고 패턴을 지속적으로 훈련하면, 부정적인 감정과 사고를 처리하는 뇌의 편도체(Amygdala)보다 긍정적인 감정을 담당하는 뇌의 전두엽(Prefrontal Cortex)이 더욱 활성화됩니다. 이로 인해 뇌는 긍정적인 사고와 감정을 처리하는 능력을 향상시키며, 점차적으로 긍정적인 사고 습관이 강화됩니다.

직장인은 24시간 중 출퇴근하고 식사하고 회사에서 일하거나 독서하는 데 집중하다 보면, 개인이 자유롭게 사용할 수 있는 시간이 몇 시간 되지 않습니다. 그때 긍정적인 생각을 많이 할수록 상대적으로 부정적인 생각은 덜 하게 됩니다. 그러면 우리 뇌는 칼로리 소모를 효율적으로 하기 위해 잘 쓰지 않는 시냅스 연결을 끊어버리는데, 이것을 '시냅스 전정'이라고도 합니다. 긍정적인 생각이 많으면 부정적인 생각을 하는 시냅스는 점차 끊어지게 되어 부정적인 생각을 덜 하게 됩니다.

결론적으로 감사일기 쓰기를 습관화하면 뇌의 긍정적인 변화를 유도하며, 부정적인 생각에서 벗어나 행복한 경험을 많이 할 것 같습니다.

《감사 메일 48》

사회복지공동모금회는 12월 1일부터 이듬해 1월 31일까지 두 달 동안 어려운 이웃을 돕기 위해 희망나눔 캠페인을 전개합니다. 캠페인의 진척도를 표시하기 위해 매년 12월 1일이 되면 우리나라 주요 도시의 광장에는 사랑의 희망온도계가 설치되며, 서울시는 서울광장에 설치됩니다. 각 시도의 사회복지공동모금회는 당해 연말 모금 목표액을 100으로 나눠 1% 달성할 때마다 온도계 온도가 1도씩 올라갑니다. 금년은 12월 1일이 일요일인 관계로 12월 2일 캠페인이 시작되었습니다.

동 행사는 2000년부터 실시됐는데, 기부액 목표를 달성하지 못해 온도계가 100도를 달성하지 못한 경우는 첫 해인 2000년과 공동모금회 비리 행위가 폭로된 2011년 두 번이었습니다. 2024년 12월 24일 11시 현재 나눔의 온도는 67.3도이며, 모금액은 3,026억 원입니다.

우리 그룹 임직원들은 능동감사문화의 일환으로 125은동(1일 1선행, 한 달 2독서, 1일 5감사일기 쓰기)을 펼치고 있습니다. 선행에는 뭐가 있을까요. 전혀 모르는 사람에게 펼치는 RAK(Random Act of Kindness), 어려운 사람을 자의적으로 돕는 기부, 자원봉사 등이 대표적인 선행이 되겠지요.

며칠 전 탄핵집회 기간에 커피숍과 빵집에서 집회 참석자들을 위해 익명의 기부자가 선결제하신 RAK 사례 기사를 몇 건 봤습니다만, 아직까지는 좀 생소한 것 같습니다. 하지만 우리 주변에 기부와 자원봉사를 병행하시는 분들은 많은 것 같습니다.

과거에는 기부금을 받은 각종 모금단체가 돈을 제대로 사용했는지 체크할 수 있는 시스템이 제대로 되어 있지 않아서 문제를 일으키는 경우가 종종 있었습니다. 지금은 국세청에서 모금단체의 세금계산서 발급내역과 회계장부 등을 철저히 감사하고 있어 제대로 운영되고 있다는 기사를 보았습니다.

금년도 사회복지공동모금회 계좌에 입금된 모금액은 2025년에 어려운 이웃을 위한 생계비와 의료비, 주거비 등으로 지원되고, 사회복지시설을 위한 공모사업 등에도 지원된다고 합니다. 쌀쌀한 겨울입니다. 사회복지공동모금회에 소액(1,000원 이상 가능)이라도 기부를 해보시는 것이 어떨까요. 기부금은 연말정산 시 법정기부금 항목에 포함되어 100% 소득공제혜택을 볼 수 있습니다. 스마트폰으로 '사회복지공동모금회'를 검색해서 카드, 계좌이체, 각종 페이 등으로 손쉽게 기부할 수 있습니다.

《감사 메일 71》

*아보하(아주 보통의 하루)

매년 연말이 되면 서점가에 서울대 김난도 교수의 책 『트렌드 코리아』가 나옵니다. 다음해의 경제와 사회 트렌드를 미리 가늠한 책입니다.

올해 발간된 '트렌드 코리아 2025'에 내년 10대 트렌드를 다음과 같이 예상했습니다. 옴니보어(Omnivore: 여러 분야에 관심을 갖는 잡식성 소비), 아보하(Very Ordinary Day: '아주 보통의 하루'의 준말, 사건사고와 위협으로 가득한 사회에서 평범한 하루를 보내는 것), 토핑경제(All About the Toppings: 표준화된 기성제품 대신 나만의 취향과 개성을 토핑처럼 덧붙여 강조하는 소비 트렌드), 페이스테크(Face Tech: 사람 얼굴을 닮은 기술), 무해력(Embracing Harmlessness: 작고 유약한 것들에 대한 애정이 커지는 것), 기후감수성(Need for Climate Sensitivity: 기후 변화의 민감성을 바탕으로 한 소비자와 기업의 태도) 등 10개 키워드입니다.

책을 보면서 내년도 우리 경제·사회가 이런 흐름을 타겠구나를 가늠해볼 수 있었지만 그리 크게 다가오지는 않았습니다. 하지만 일요일 아침 무안공항 항공기 사고 뉴스를 보고 너무 놀라다 보니 이 키워드 중 '아보하'가 크게 다가왔습니다. 아주 보통의 하루라는 뜻의 '아보하'를 적시한 김난도 교수는 비상계엄 사태, 탄핵 정국 등으로 인한 사회갈등과 끔직한 비행기 사고 등을 예상해서 이 단어를 제시하지는 않았을 것입니다. 하지만 일요일 뉴스를 보자마자 아주 평범한 하루, 보통 하루의 연속이라는 '아보하'가 마음 깊이 다가왔습니다.

2024년은 참 다사다난했던 것 같습니다. 우리가 살다보면 너무 당연한 것들에 대해서 감사하는 마음을 갖지 못하고 불평불만을 많이 합니다. 걷는 것이 힘들어지기 전에는 일상에서 잘 걷는 것에 대한 감사함을 모릅니다. 코로나로 미각을 잃어버려 음식 맛을 모르고 소가죽을 씹는 듯한 느낌이 들었을 때 미각에 대해서 감사함을 절실히 느낀 것처럼요.

이미 고인이 되신 박완서 작가님의 '일상에 대해 감사하자'는 글을 잠시 인용합니다.

"유쾌하게 저녁식사를 마치고 귀가했는데 갑자기 허리가 뻐근했다. 자고 일어나면 낫겠거니 대수롭지 않게 여겼는데 웬걸, 아침에는 침대에서 일어나기조차 힘들었다. 그러자 하룻밤 사이에 사소한 일들이 굉장한 일로 바뀌어버렸다. 세면대에서 허리를 굽혀 세수하기, 바닥에 떨어진 물건을 줍거나 양말을 신는 일, 기침을 하는 일, 앉았다가 일어나는 일이 내게는 더 이상 쉬운 일이 아니었다. 별수 없이 병원에 다녀와서 하루를 빈둥거리며 보냈다. 비로소 몸의 소리가 들려왔다.

(중략)

사나흘 동안 노인네처럼 파스도 붙여 보고 물리치료도 받아보니 알겠다. 타인에게 일어나는 일은 나에게도 일어날 수 있는 일이라는 것을…. 크게 걱정하지 말라는 진단이지만 아침에 벌떡 일어나는 일이 감사한 일임을 이번에 또 배웠다. 건강하면 다 가진 것이다. 오늘도 일상에 감사하며 살자."

끝없는 사람 욕심이 세상을 이렇게 살맛나게 변화시켰다고 합니다만, 현재의 삶에 대해 감사하는 마음을 가지면 좋을 것 같습니다. 새해 항상 건강하시고 가내 평안하시며 '아보하' 하십시오.

《감사 메일 73》

설 연휴 잘 보내셨습니까

 9일 동안의 신년연휴 잘 지내셨습니까. 가족들과 즐거운 추억을 많이 만드셨을 것이라 믿습니다.

설에는 많은 분들이 신년인사를 주고받는데, 고3 담임선생님으로부터 받은 올해 신년인사를 여러분과 공유하고 싶어서 이렇게 메일드립니다. 저의 담임선생님은 국어 담당이셨고, 현재 80세이십니다만 여전히 기억력도 좋으시고 술도 잘 드십니다. 작년 10월에 고등학교 졸업 40주년 기념 행사장에서 담임선생님, 반 친구들과 만나서 즐거운 시간을 보내기도 했습니다. 선생님은 매년 설 제자들에게 새해인사를 보내주고 계십니다. 선생님께서 건강하셔서 내년, 내후년에도 신년인사를 받고 싶습니다.

공하신년(恭賀新年)!

을사년(乙巳年) 새해가 밝았네.

지난날 베풀어 준 후의를 고맙게 생각하며,

새해 복 많이 받으시길 바라네.

지금은 하 수상한 세상,

삶의 지혜가 더욱 절실할 때라 생각하네.

그럴수록 우리 모두 밝고 열린 마음으로 희망의 새날을 맞이하세나.

나이 들어가며 지난 날을 생각하면 매사에 후회만 남지.

그러나 후회만 하고 있으면 무슨 소용인가.

후회는 쓸 테 없는 감정의 낭비일 뿐인 걸.

그리하여 요즘은 회한이 아니라,

반성이야말로 미래를 위한 귀한 자산임을 절실히 깨닫게 된다네.

논어(論語) <학이(學而) 편>

증자왈(曾子曰);

오일삼성(吾日三省)

위인모이불충호(爲人謀而不忠乎)?

여붕우교이불신호(與朋友交而不信乎)?

전불습호(傳不習乎)?

*나는 날마다 세 가지 일을 반성한다.
남을 위해 일할 때 충실하게 하지는 않았는가.
벗과 사귈 때 신의를 저버리지는 않았는가.
익히 알지도 못한 것을 남에게 가르치지는 않았는가.

아무쪼록 자네의 건강과 댁내의 화평 속에
보람찬 한 해가 되시길 두 손 모아 기원하겠네.

(새해 아침)

《감사 메일 81》

설 연휴 동안 감사 메일을 쉬다 보니, 감사 메일을 쓰는 동력을 회복하는 데 시일이 좀 걸리는 것 같습니다. 무슨 일을 하든 규칙적으로 해야 일관성을 유지할 수 있다는 생각을 다시 한 번 하게 됩니다.

이번주 전국에 걸쳐 한파주의보가 발령된 가운데 지역에 따라 대설경보까지 겹쳐 전국이 얼음왕국입니다. 여러분 날씨가 너무 춥다 보니 출퇴근 시 고생이 참 많으시죠. 집은 동파 등의 문제는 없으신지요.

저는 지난 이틀 동안 난방이 되지 않는 냉골집에서 전기장판에 의지하며 지냈습니다. 현재 사는 아파트가 40년 된 구축인데, 같은 라인의 다른 집에서 누전 또는 동파 등의 문제가 생기면서 난방조절 스위치 시스템에 영향을 줘서 모든 세대가 난방이 되지 않아 고생을 하고 있습니다. 오늘 중으로 정상 복구가 된다니 다행이라고 생각하고 있습니다.

이렇게 추운 저녁을 보내다 보니 영화 <닥터 지바고>가 떠올랐습니다. 사랑하는 여인과 마차를 타고 도망쳐 도착한 별장이 눈속에 파묻히고 건물 전체가 얼음집 같은 풍경, 먼지 쌓인 책상을 쓸어내고 촛불 아래 수없이 많은 파지를 구겨가며 사랑하는 여인을 위해 밤새 시를 쓰던 주인공의 모습, 의사라는 이유로 가족과 이별인사도 못하고 군대에 끌려갔던 주인공이 군복무 후 가족을 찾아서 집으로 돌아오는 길에 끝없이 펼쳐진 논덮인 벌판 풍경, 고향에 와보니 가족들은 떠났고 덩그러니 남은 편지 한 장 등이 생각났습니다.

아울러 대학생 때 거주했던 창호지와 문풍지가 달린 미닫이문이 있던 자취방도 생각났습니다. 80년대 벽돌집 자취방은 방바닥은 연탄불 덕분에 따뜻하지만 웃풍이 심해서 머리맡에 둔 자리끼 물이 아침에 일어나 보면 땡땡 얼었던 경우가 많았습니다. 그때와 비교하면 지금은 비록 방바닥에 난방이 들어오지는 않지만 웃풍도 없고 살 만한 상황이라는 생각이 듭니다.

감사일기를 쓰다보면 어느 시점에 평소에는 사건사고로 인해 고생하며 짜증을 내던 사람이 '그럼에도 불구하고'라고 생각이 전환되는 경우를 겪게 된다고 들었잖습니까. 아마 저도 그 정도

단계에 온 것 같습니다. 감사일기의 효과는 본인이 직접 느끼지 못할 정도로 시나브로 찾아오는 것 같습니다.

여러분 감사일기 잘 쓰고 계시지요. 혹시 매일 쓰지 못하는 분은 하루걸러 또는 주 2~3회라도 작성해보시기 바랍니다. 마음을 건강하게 하는 비타민인 것 같습니다.

오늘의 곁어는 일본 홋까이도에서 찍은 영화 <러브레터>의 유명한 장면입니다. 저 세상으로 먼저 떠난 사랑하는 사람을 그리워하며 설산을 향해 목 놓아 소리치던 여주인공의 목소리입니다.

> "오겡키데스카. 와타시와 겡키데스"
> (잘 지내나요. 나는 잘 지내요).

저도 마음 속으로 이 추운 겨울에 외쳐봅니다. 모두들 잘 지내시나요. 저는 여기에 잘 있습니다. 《감사 메일 82》

원영적 사고와 감사일기

최근 4개 사업장(화성 전선, 화성 차단기, 마곡, 홍성) 능동감사 퍼실리테이터 주간 회의에 옵저버로 참석했습니다. 퍼실리테이터 회의는 직원들이 매사에 감사하며, 능동적으로 생각하고 도전·실천하는 조직문화를 만들기 위해 노력하는 '불씨'들의 회의입니다.

퍼실리테이터들은 각 사업장의 상황에 따라 직원들이 동참할 수 있는 다양한 활동을 기획하고 실천방안을 찾습니다. 매일 상시적으로 할 일(1일 5감사 쓰기, 부정어 쓰지 않기, 경청하기, 칭찬하기 등)과 월별 특별 행사(봉사, 선행 등) 등을 기획하고 있었습니다.

어제 홍성에서 서울로 올라오는 차 안에서 자문해 봤습니다. '우리 그룹이 왜 이런 기업문화활동을 펼치는 것인지, 그리고 우리가 궁극적으로 바라는 직원과 조직의 모습은 어떤 것인지'를 고민하다 보니 우선적으로 '원영적 사고를 하는 직원이 많은 회사', '같이 일하고 싶은 사람이 많은 회사'를 만들어보려는 것이 아닌가 하는 생각이 들었습니다.

'원영적 사고'라는 단어는 20~30대 청춘들은 당연히 아는 단어지만 중장년은 잘 모를 수도 있습니다. '원영적 사고'와 '럭키비키'가 세트로 자주 사용됩니다. '원영적 사고'는 2024년에 탄생한 신조어이자 인터넷 밈의 일종입니다. 걸그룹 멤버 아이브(IVE)의 멤버 장원영이 내뱉는 말에서 유래한 것으로, 그녀가 보여준 초긍정적인 사고를 뜻하는 말입니다. 스페인 여행 중 "저 앞 사람이 제가 사려는 팽오쇼콜라를 다 사 가지고, 너무 럭키하게 제가 새로 갓 나온 빵을 받게 됐지 뭐예요. 역시~ 행운의 여신은 나의 편이야"라는 영상에서 유래했다고 합니다. '럭키비키'는 행운을 뜻하는 럭키(Lucky)와 장원영의 영어 이름인 비키(Vicky)의 합성어이며, 원영적 사고가 작동하는 순간에 사용하는 감탄사나 형용사 정도로 쓰이는 단어입니다.

'원영적 사고'와 '럭키비키'가 들어간 예를 찾아보면, "퇴근하고 집에 가는데 갑자기 비가 오는거양~ 원래는 귀찮아서 집에 가서 안 씻고 자려고 했는데 오히려 완전 럭키비키잖아~." "공항에 갔는데 여권을 안들고 왔지 뭐야~ 원래 하루쯤 더 머물면서 맛있는 것도 먹고 휴식을 하고 싶었는데 오히려 완전 럭키비키지~.”

초긍정론자 장원영의 인기는 상상을 초월합니다. 올 1월 16일 단독 출연한 1시간 7분 가량의 <냉터뷰> 영상은 공개된 지 약 26시간 만에 조회수 100만 회를 돌파했고, 2월 14일 현재 340만 회를 돌파했습니다. 덱스가 장원영에게 초긍정론적인 생각을 하게 된 가장 큰 요인이 무엇인지 물었더니 ‘독서’라고 답을 하더군요.

저는 ‘원영적 사고’가 감사일기를 꾸준히 쓰다보면 좋지 않은 일이 일어났음에도 ‘그럼에도 불구하고’로 발상의 전환을 하는 것과 비슷하다는 느낌을 받았습니다. 요즘 젊은 세대에게 ‘원영적 사고’를 갖춘 사람은 자신감, 긍정적인 태도, 철저한 자기관리, 우아한 마인드를 갖춘 사람을 의미한다고 합니다. 우리도 감사일기를 열심히 쓰고 운동과 자기관리를 열심히 하면 ‘원영적 사고’를 갖추게 되지 않을까 생각합니다. 원영적 사고를 하는 회사의 임직원은 주변 동료에게 인기도 많겠지요. 《감사 메일 84》

자 기　자 신 을　사 랑 하 고
감 사 하 는　마 음 을　가 집 시 다

능동감사문화를 실천하는 리더는 어떻게 해야 할까요. 지난 2년 동안 많은 임직원들이 1일 5감사일기 쓰기, 100감사쓰기, 경청하기, 상호 존중하기, 부정어 안 쓰기 등 많은 것들을 실천해 왔습니다. 능동감사문화가 조직 생활의 일부로 자연스럽게 정착되려면 퍼실리테이터가 중심이 되어 바텀업(Bottom-up: 상향식)으로 추진하는 것도 중요하지만, 조직 리더들의 솔선수범이 더 필요하다고 주장하는 분들도 많습니다.

지난주 금요일 계열사의 임원들을 대상으로 3시간 동안 토론과 자기 성찰이 포함된 '감사리더십' 특강에 옵서버로 참여했습니다. 이날 강의를 해주신 여성 강사님은 6년 동안 감사일기를 쓰면서 힘든 삶을 이겨냈고, 지금은 우리 사회에 감사문화를 정착시키기 위해 다양한 활동을 하고 계셨습니다.

이날 수업 제목은 '감사리더십'이었는데, 강의 내용을 요약하여 공유합니다.

우선, 감사(感謝)를 분해하면 느낄감(感)은 마음심(心)과 다함성(戌)이 합쳐진 것으로 '마음을 다해 느껴야 한다'이며, 사례할사(謝)는 말씀언(言)과 쏠사(射)를 합친 것으로 '말로 고마움을 표현한다'입니다. 결국 감사(感謝)란 '말로 온 마음(정성)을 다해 고마움을 나타내다'라고 풀이될 수 있습니다.

조직의 리더가 감사리더십을 펼칠 때도 순서가 있습니다. 1단계, 나에게 감사하기(자기 인정). 2단계, 타인에게 감사하기(상호존중). 3단계, 영향력을 끼치는 리더 되기(조직 감사문화). 4단계, 사회와 환경에 감사하기(공헌과 성장) 순입니다.

우리 속담에 '곳간에서 인심난다'는 말이 있습니다. 내 자신이 여유롭고 풍족해야 다른 사람에게 베풀 여력이 생긴다는 것인데, 감사하는 마음도 마찬가지인가 봅니다. 조직에 감사문화를 활성화시키고 확산시키려면 리더들이 우선 자기 자신을 사랑하고 감사하는 마음을 가져야 합니다.

2단계는 리더가 동료와 직원의 노력에 감사를 표현함으로써, 구성원들이 동기부여되고 성과를 높일 수 있게 하는 리더십이 필요합니다. 말이 쉽지 리더가 항상 감사를 표현하기가 쉽겠습니까. 화나는데 억지로 감사를 표현한다는 것도 말이 안 되잖습까. 강사님은 리더들이 화가 나거나 짜증났을 때, 감정을 억누르기보다는 스스로 해결할 수 있는 다른 화풀이 방법 등을 제시해 주셨습니다. 감사문화 정착에는 오고가는 말이 좋아야 한다는 것을 강조하셨습니다.

모든 리더들이 1~2단계를 진심으로 실천하면, 일과 감사문화가 균형을 이루는 3단계에 도달하게 되고, 이런 회사의 조직원들이 진심으로 사회를 포함한 이해관계자들에게 공헌하는 4단계에 도달하게 될 것입니다.

리더들이 받은 고육의 일부를 요약한 것이지만, '리더' 대신 '직원' 또는 '팀장'으로 바꾼다 해도 강의 내용이 크게 바뀌지는 않을 것 같았습니다.

다시 한 번 적어봅니다, 감사(感謝)는 '말로 온 마음(정성)을 다해 고마움을 나타내다'입니다. 주변 동료들에게 고마움을 표현하는 말을 자주합시다. 칭찬하기, 격려하기, 감사하기 등등.

《감사 메일 85》

김형석 교수의 '백 년을
살아보니'에서 얻는 교훈

입춘이 지났지만 요즘 날씨가 예년보다 춥다 보니 평소보다 부고장을 많이 받습니다. 소천하신 분들의 연령은 특별하게 큰 병이 아니라면, 대부분 80대 후반에서 90대 초반이십니다. 이런 상가에 조문하러 가보면 소위 '호상'이어서 자식들도 부모님과의 이별을 잘 받아들이는 것 같습니다.

그러던 중 갑자기 '인생을 90년 정도 살다가 돌아가신 분들은 어떤 마음일까'하는 의문이 들었습니다. 이분들은 무엇을 남기셨을까, 여전히 자식을 걱정하는 마음을 갖고 떠나셨을까 등등 말입니다.

이런 생각을 하다보니 김형석 교수의 책 『백 년을 살아보니』가 생각났습니다. 1920년 태어나신 김 교수님은 현재 106세지만, 여전히 강연, 기고, 집필 활동을 왕성히 하고 계십니다. 책을 읽다 보면 오랫동안 맘에 담고 갈 말씀, 교훈이 있었습니다.

"경제적으로 중산층에 머물면서 정신적으로는 상위층에 속
하는 사람이 행복하며, 사회에도 기여하게 된다. 그런 생활
을 하는 사람들이 행복을 더 많이 누리도록 되어 있다".

여러분들께서도 뭔가 와 닿지 않으시는지요. 『백 년을 살아보
니』의 주요 내용은 다음과 같습니다.

백 년을 살아보니, 인생에서 무엇이 중요한가. 가장 중요한 것
은 좋은 사람들과의 관계다. 돈과 명예는 한때 중요하지만, 결국
사람이 남는다.

젊은 날에 알았더라면 좋았을 것은 성공보다 삶의 방향성이었
다. 젊을 때부터 무엇을 위해 살 것인지를 고민해야 한다. 나이가
들수록 인격과 품격이 그 사람의 삶의 질을 결정한다. 겸손과 배
려, 따뜻한 태도가 중요하다.

행복은 주는 것에서 온다. 베풀고 나누는 것이 행복의 핵심이
다. 행복은 물질이 아니라, 다른 사람에게 좋은 영향을 주는 것에
서 온다.

좋은 배우자는 서로를 존중하고 배려하는 사람이다. 결혼은 사랑뿐만 아니라 신뢰와 이해가 중요하다. 장수하기 위해 필요한 것들은 규칙적인 생활 습관, 꾸준한 운동, 긍정적인 태도다. 정신적인 건강도 중요하며, 스트레스를 줄이고 삶을 즐겨야 한다.

어떻게 살아야 후회 없는 인생인가. 배움과 성장은 끝이 없다. 90세가 넘어도 독서, 글쓰기, 학문 연구를 멈추지 않았다. 끊임없는 배움과 성장이 삶의 활력을 유지하는 비결이다. 나이가 들어도 할 일이 있어야 의미 있는 삶을 살 수 있다. 은퇴 후에도 배움과 사회적 활동을 지속해야 한다.

마지막으로 죽음을 준비하는 것은 더 의미 있는 삶을 사는 것과 같다. 현재를 충실히 살아가는 것이 죽음을 두려워하지 않는 방법이다.

김 교수님의 말씀을 요약해보면, 살면서 항상 삶에 대한 감사와 긍정적인 태도를 유지해야 합니다. 매일 독서하고 글을 쓰며 끊임없이 생각하는 습관을 유지하고, 규칙적인 생활을 습관화해야 합니다, 강연과 기고 등으로 사람들과 활발하게 소통하며, 건강한 음식과 적당한 운동을 꾸준히 해야 합니다. 이렇게 살다가 세상을 떠난다면 참 행복하게 떠날 것 같지 않습니까.

《감사 메일 88》

Chapter 5

감사(感謝)하면
가화만사성(家和萬事成) 온다

20대 아이들과 나눈 경제적 자유 달성방안

요즘 직장 초년생 자식들과 얘기를 하다보면, 경제적 자유 또는 경제적 자립에 대해 많이 물어봅니다. 어떻게 해야 돈을 모아서 결혼하고, 노후에도 안정적으로 살 수 있을지에 대해서요. '20대인 아들딸이 걱정을 앞당겨 하고 있구나'하는 생각이 들기도 하지만, 한편으로는 저때보다 더 성숙해졌다는 생각이 들었습니다.

거두절미하고, 제가 애들에게 얘기한 것은 자기가 하고 싶은 일·직장에서 오랫동안 근무하면서 매월 연금저축과 IRP계좌에 저축하는 것이라고 했습니다. 물론 사업체를 경영해보는 도전도 해볼 수 있지만, 우선 직장을 오래 다니는 것이 정답이라고 했습니다.

직장에서 월급을 400만 원 정도 받는다면, 성과급 포함 연

5,000만 원(세전)은 받을 수 있습니다. 요즘 시중은행 예금이자율 2%로 따지면 25억 현금을 예금한 것과 같은 현금흐름을 갖는 것입니다. 애들에게 연금저축에 매월 50만 원씩 연간 600만 원을 저축하고, IRP계좌에도 매월 25만 원씩 300만 원씩 저축하라고 했습니다. 두 계좌 저축액 900만 원은 매년 연말정산에서 16.5% 수익을 보장하는 것이니까요. 그리고 세액공제환급액을 소비하지 말고 별도 ISA계좌 등에 넣으라고 했습니다.

매월 50만 원, 25만 원씩 30년을 저축하면, 30년 후 얼마나 모일까요. 미국 S&P 500, 미국 고배당, 나스닥 100, 인도, 베트남 ETF 등에 분산 투자했을 경우 연평균 수익률이 7%라면 연금저축계좌는 6억 원, IRP 계좌는 3억 원이 될 것이며, 연평균수익률이 10%라면 각각 10억 원, 5억 원이 됩니다. 만약 40년을 저축한다면 상상할 수 없는 복리의 마법효과를 볼 것입니다. 요즘 20대는 직장을 70살까지 다녀야 하지 않을까 싶습니다. 생산활동인구가 계속 줄고 있으니 그럴 수밖에 없지 않을까요.

애들에게 했던 얘기의 결론은, 연금저축과 IRP계좌에 매년 900만 원씩 30년 투자하고 은퇴한다면, 국민연금도 당연히 나오니 두 계좌에서 조금씩 인출해서 사용한다면 경제적 걱정은 안 해도 될 것이라고 했습니다. 결국 소소한 금액을 장시간 균등하게 투자해보라고 했습니다. 그들은 살아갈 시간이 많으니까요.

우리가 보통 경제적 자유를 달성하는 기준을 일반적으로 1년 생활비의 25배를 모으면 된다고 합니다. 이는 미국 트리니티대학교의 논문에 근거한 것입니다. 매년 원금의 4%를 인출해서 사용하면 원금이 줄어들지 않는다는 이론이죠. 예를 들어 1년 생활비가 4,000만 원인 사람이라면 10억 원을 모으면 경제적 자유를 달성한 것이라고 볼 수 있습니다.

불금입니다. 모두 행복하세요. 　　　　　　　　　　《감사 메일 37》

'Starbucks Reserve.' 커피 전문 매장인 스타벅스 리저브 중 올 9월에 10번째로 오픈한 리저브 장충라운지R점을 소개한 글을 요약해서 공유합니다. 주말에는 붐빈다고 하는데, 저는 이번 즈말이나 담 주말에 한 번 가보렵니다.

• • •

동대입구역에서 장충교회를 끼고 조금 오르면 붉은 벽돌의 '베네딕토 피정의 집' 맞은 편, 흰 벽면의 나무 대문이 열린 곳. 이 집 문패는 'Starbucks Reserve.'다. 우리나라 1세대 대표 건축가인 나상진(1923~1973)이 3년에 걸쳐 지은 집이며, 대선제분 창업주인 박세정 회장이 의뢰해 1966년 완공됐고, 2019년까지 그 일가가 살았단다.

'당신의 커피 여행이 이곳에서 시작된다'는 문구와 함께 들어서면 기존 차고로 쓰이던 낮은 층고의 공간이 등장한다. 벽면엔 '오르빗 스튜디오'의 증강현실 작품 '한 잔의 오디세이'가 벽화 형태로 그려져 있고, QR코드를 휴대폰으로 찍으면 커피 여정이 생생하게 시작된다.

지하 대기 공간엔 올해 스타벅스 연말 프로모션 달력으로 협업한 이희조 작가의 원화 그림이 손님들을 맞이하는데, '커피 모멘트'를 주제로 계절별 그림들이 그려져 있다. 노란 꽃이 피어나는 3월, 시원한 소나기가 내리는 여름 풍경과 커피, 낙엽 지는 가을의 풍경까지 여섯 점의 그림을 실물로 만나볼 수 있다.

1층과 2층에 완전히 분리된 7개의 공간이 기다린다. 라운지, 뮤직룸을 포함해 야외 정원 테라스석까지 180석이 자리하는데 각각은 과거와 현재가 공존한단다. 벽난로가 있던 공간엔 석벽과 벽난로의 원형을 보존했고, 계단 난간과 손잡이, 바닥재 등도 최대한 원형을 살렸다고 한다.

여기 가구와 조명에 시선이 먼저 간다. 모던 가구의 황금기를 이끌던 해외 유명 디자이너들의 쇼룸과도 같다고 하는데. 이탈리아 디자이너 비코 마지스트레티가 1973년 디자인한 '마라룽가 소파', 마리오 벨리니가 1960년대 선보인 '아만타 소파', 1980년대 지안카를로 피레티가 디자인한 '알키 사이드 체어' 등. 네덜란드의 마르틴 비저가 1970년 일본 엑스포에 출시한 '오사카 체어'에 앉으면 극강의 휴식이 찾아온단다. 이예찬, 부재현 등 국내 가구 디자이너들과의 협업으로 한국 소반과 조약돌의 선도 곳곳에 배치됐다.

2층 안쪽에 자리한 뮤직룸은 자연광을 최대한 차단하고 소음을 줄인 채 오직 음악에만 집중할 수 있도록 만들어져 있다.

스타벅스 장충라운지R점의 반전은 정원이다. 소담한 분수대 옆 커피 한 잔을 두고 늦가을 햇살을 받으면서 도심 속 온전한 휴식을 할 수 있는 곳이다. 《감사 메일 52》

아 이 들 의　미 래 를　위 해
부 모 가　할　일 은…

 오늘은 현실적인 걱정거리 '자녀의 직업'에 대해 같이 고민해보려 합니다.

주변에 친구들이 60세가 되다보니 명퇴를 했거나, 내년에 정년이 되는 친구들이 대부분입니다. 친구들이 모이면 한결같이 하는 말이 "명퇴하지 말고 정년까지 다녀라"입니다. 회사 나오면 춥다면서 정년을 채워도 국민연금이 나오는 64세까지 4년의 공백 기간을 버틸 경제상황을 만들어내는 것이 두 번째 숙제라고 얘기합니다.

그런데 이런 걱정을 안 하는 친구들이 몇 있습니다. 교사, 변호사, 회계사, 의사 등 전문직종에 있거나, 공대 출신이면서 기술사 등의 자격증을 갖고 있는 친구들입니다. 그런데 의외의 친구들이 있습니다. 소위 블루컬러, 목장갑을 끼고 기름밥을 먹는 친구들입니다. 배관공, 타일공, 목수 등 건설현장에 있는 친구들입니다. 가장 불쌍한 친구들이 문과 출신입니다. 명퇴하는 경우가 많고 회사 나와서 마땅하게 경력을 살릴 수 있는 길이 별로 없기 때문입니다. 그래서 저는 애들에게 공대를 추천했습니다. 문과 출신 눈에는 공대생들이 좀 더 생명력이 있어 보였거든요.

우리 사무실 동료분들은 자녀들의 미래 직업을 어떻게 인도하고 계시는지요. AI가 급속히 도입됨에 따라 기존에 난공불락으로 여겨졌던 직업도 사라질 수 있다는데, 아이들의 미래 직업을 고려해서 직업상담사를 미리 만나서 컨설팅을 받아야 하는 것일까요.

갑자기 오래전에 들었던 배관공 얘기가 생각납니다. 특히 AI가 대체할 수 없는 직업 중 배관공이라는 말을 들어서일까요.

친구가 미국에서 변호사를 하는데 그 사무실에 들렀을 때 일화입니다.

사무실 수도가 고장 나서 배관 수리공을 불렀는데 뚝딱뚝딱 몇 십 분 일해서 수리해 놓고 배관공이 상당한 액수의 금액을 청구했습니다. 변호사 친구는 '변호사인 나도 그 시간 일해 그런 액수를 벌지 못하는데 너무 비싼 것 아니냐'고 반문했다고 합니다. 그랬더니 그 배관공이 말하길 '나도 전에 변호사 할 때는 이런 보수를 받지 못했다'고 말해서 두 사람은 충격이었다고 했습니다.

AI가 진화해 간다고 해도 향후 20년 이내에 AI에게 빼앗기지 않는 일들의 특징은 ① 커뮤니케이션 능력이 필요함 ② 추상적인 지식·이해가 필요함 ③ 감각적인 것이나 유연성이 필요함이라고 합니다. 애들에게 이런 능력을 배양시키는 것도 부모의 역할인 듯합니다.

《감사 메일 54》

지난주 금요일 점심 시간에 전OO 변호사 송별 점심을 했습니다. 어디 가서 점심을 먹을까 하다가 갑자기 추워진 날씨에 뜨끈한 김치찌개가 생각나 '동호정'으로 갔습니다. 그런데 식당에 들어갔더니 홀에서 아주머니 다섯 분이 열심히 김장을 버무리고 계셨습니다. "앗, 대박"이었습니다. 김치찌개를 주문하려고 하니, 오늘은 된장찌개에 김장&수육 단일메뉴라고 하셨습니다.

막 버무린 김장김치에 수육을 먹으니 입안에서 살살 녹았습니다. 셋이서 김장김치 3접시에 수육 2접시를 먹은 것 같습니다. 김장김치와 수육을 리필할 수 있어 엄청 먹었습니다. 1인당 9,000원을 내고 맛난 점심을 푸짐하게 먹었습니다.

지난주 토요일은 저희 친척들이 모여서 김장하는 날이었습니다. 매년 11월말 또는 12월초 주말에 고모님 댁에서 김장을 합니다. 토요일 아침 일찍 일어나 김치통 4개를 들고 고모님 댁으로 갔습니다. 나이 드신 어르신들은 옆에 앉아서 지휘를 하시고 다소 젊은 저 같은 청년(?)들이 힘든 일을 했습니다. 미리 주문해서 배달된 절인 배추를 소쿠리에 받쳐 물 빼는 작업과 무생채를 써는 힘든 일은 남자들 몫이었습니다. 반면 고춧가루에 각종 젓갈, 찹쌀풀, 마늘, 생강 등 각종 양념을 혼합해 간을 맞추는 것은 여인네들의 몫이었습니다.

김장 준비가 다 되자 성인 4명이 고무장갑을 끼고 3시간 정도 열심히 김장을 버무렸습니다. 중간에 수육에 막걸리도 한 잔씩 하면서요. 가까운 친척끼리 이런저런 얘기를 하면서 즐겁게 비비다 보니 힘든 줄 모르고 큰 일을 치룬 것 같습니다.

준비해간 김치통 4개에 김장김치를 가득 담아서 집으로 돌아오는 길이 왜 그리 뿌듯하던지…. 사실 딸아이가 전라도식 김장김치를 엄청 좋아합니다. 딸아이가 "올해도 김장김치 받아오냐"고 묻지 않았으면 사실 올해는 대충 넘어가려고 했는데 말입니다.

토요일 저녁 식사는 집에서 조촐하게 김장 파티를 했습니다. 김장김치, 생굴, 돼지고기 수육, 그리고 막걸리를 곁들여서요. 딸아이가 맛있게 먹는 모습을 보니 가족들을 위해 좋은 일을 했다는 생각이 들었습니다. 저도 즐겁게 막걸리 몇 잔 하고 피곤해서 푹 잔 것 같습니다.

사람 사는 것이 별것 없습니다. 식구들이 좋아하는 일을 자주 하도록 노력하는 것이 중요한 것 같습니다. 어제는 지방 출장을 다녀오다 보니 감사 메일을 못썼습니다. 매일 규칙적으로 하는 일이 많으면 좋은 것 같습니다. 저의 일과 중 여러분께 규칙적으로 보내는 감사 메일이 있다는 것도 큰 기쁨입니다.

《감사 메일 58》

이번 주말 국립중앙박물관
미술감상은 어떠신가요

음악감상, 미술감상 등이 스트레스 해소와 정서적 안
정감, 아이디어 창출 등에 도움이 된다는 얘기는 많이
들어보셨을 겁니다.

미술감상을 하다 보면 여러 감정이 느껴지며, 스트레스가 해
소되고 정서적 안정감이 높아집니다. 창의성과 상상력도 촉진됩
니다. 골똘히 생각 중이지만 해답이 보이지 않을 때 미술감상을
하다 보면 기존과 다른 시각으로 문제를 바라보게 되어 새로운
아이디어가 떠오르기도 합니다. 작품의 세세한 부분을 관찰하다
보면 마음이 진정되면서 명상의 효과를 볼 수 있으며, 미술감상
을 하려면 오랜 시간 서있거나 사박사박 걸어다녀야 하는데, 이
것은 체력증진에도 도움이 됩니다.

그러고 보니 미술감상은 참 좋은 거네요. 이번 주말에 가보실

만한 전시회를 알려드리겠습니다. 국립중앙박물관에서 '비엔나 1900, 꿈꾸는 예술가들'이라는 타이틀로 구스타프 클림트, 에곤 실레 등 빈 분리파 화가들의 걸작 191점이 국내 최초로 전시 중입니다.

'지금 보지 않으면 다시는 볼 수 없다(Now or Never)'. 역대 최고 수준의 미술 전시를 말할 때 영미권 언론은 이런 표현을 쓴다는데, 이번 전시회가 그렇습니다.

서양 근현대미술에서 가장 중요한 사조 중 하나가 빈 분리파입니다. 이번 전시회에는 에곤 실레를 상징하는 대표작 '꽈리 열매를 한 자화상'을 필두로 그의 유화 10여 점과 드로잉 20여 점, 구스타프 클림트의 초상화 등 빈 분리파 화가들의 주요 걸작 총 191점이 5부로 전시 중입니다.

1부에서는 '수풀 속 여인'을 비롯한 클림트의 초상화들에서 새로운 구도를 탐구했던 혁신가의 면모를 만날 수 있고, 전시 2부에서는 20세기 그래픽아트에 혁신을 일으킨 콜로만 모저의 풍경화를 비롯해 인상주의 등 해외 미술의 영향이 반영된 수작들을 볼 수 있습니다.

3부는 공예 전문 전시장을 연상시키는 공간인데, 일상을 예술로, 예술을 일상으로 만들고 싶어 했던 빈 분리파 작가들의 그릇 등 공예작품과 가구 등 60여 점이 있습니다.

　4부 이후가 하이라이트인데, 클림트 세대에 이어 본격적으로
등장한 신세대 후배 화가, 표현주의의 선구자 리하르트 게르스
틀과 오스카 코코슈카의 주요 작품들이 있습니다.

　마지막 5부는 압도적이라는데, 실레의 자화상과 인물화, 풍경
화와 누드화, 드로잉 등을 고루 감상할 수 있답니다. 전시의 마지
막은 혁신의 불을 댕긴 클림트에 대한 실레의 존경과 애정을 보
여주는 감동적인 영상입니다.

　네이버와 티켓링크에서 예매를 하거나 현장에서 당일 남은 티
켓을 구매해서 입장 가능합니다. 오후 6~8시 야간에 박물관 문
을 여는 수요일·토요일을 선택하면 예매와 관람이 좀 더 수월하
다고 합니다.

　혹시 주말에 시간나시면 용산 국립중앙박물관에 한 번 가보시
죠. 이 전시회뿐만 아니라, 고려상형청자(고려시대 동식물, 인물
형상을 본 떠 만든 청자) 전시회, 국보순회전 등 다양한 전시회가
있습니다.

《감사 메일 61》

계란 해장이라고
들어보셨나요

계란 해장이라고 들어보셨는지요. 요즘 시국이 불안해서 예년만큼 술자리 약속이 많지는 않습니다만, 연말은 직장, 동창, 각종 동호회 등의 송년회, 망년회가 많아 평소보다 술을 마시는 경우가 많습니다. 술을 마신 다음 날이면 속이 불편해서 해장하려고 국물 있는 음식을 많이 찾습니다. 나이가 지긋한 분들은 해장국, 북엇국, 콩나물국 등을 즐기시는 것 같고, 젊은 분들은 라면, 짬뽕 등으로 해장을 많이 합니다. 뜨끈하고 얼큰한 국물이 속을 시원하게 풀어준다는 느낌 때문이겠지요.

해장이라고 하는 것은 음주 후에 위산과다와 알코올 섭취로 인한 속쓰림 증상을 완화하려고 음식을 먹는 것을 말합니다. 의학적으로 음주 후에는 위·식도 괄약근 압력이 떨어져 구토감이 드는데, 음식이 들어가면 압력이 정상화되면서 구토감이 사라지게 됩니다. 또한 얼큰하고 뜨거운 국물을 먹으면 몸에 열이 나고 땀도 나 속이 풀리는 듯한 기분도 줍니다.

하지만 맵고 짠 음식으로 해장하는 것은 오히려 몸에 좋지 않습니다. 염분 함량이 높고 자극적이라 오히려 위벽에 2차 손상을 가할 수 있기 때문입니다. 기름진 음식은 소화가 더뎌 위에 부담을 더 주고, 알코올을 분해하는 간에 영양소를 제때 빨리 공급하지 못해 해장음식으로 적합하지 않습니다. 가장 나쁜 해장은 술로 해장하는 것입니다. 요즘 젊은 세대는 이런 분들을 못보셨겠지만, 나이드신 분 중 이런 분들이 가끔 있습니다. 해장으로 술을 마시는 것은 숙취 해소 효과가 전혀 없습니다. 위장에 다시 알코올을 부어 알코올 농도가 높아지면서 오히려 간의 해독 부담을 늘려 줍니다.

해장에 가장 좋은 것은 물입니다. 그냥 마시면 오히려 구토가 나는 경우가 있으니 포카리스웨트 같은 이온 음료가 최고인 듯합니다. 물이나 이온 음료를 마시면 알코올을 분해하는 과정과 이뇨작용으로 몸에서 과도하게 빠져나간 수분을 보충하고 몸속에 남아있는 알코올을 희석시킵니다.

전문가들이 추천하는 것은 국물 음식은 맑게 끓인 콩나물국이나 북엇국입니다. 콩나물의 아스파라긴산은 알코올 속 아세트알데히드를 분해하고 열을 내려주며, 북어에 많은 메티오닌 역시

아세트알데히드 분해를 촉진시킵니다.

과음한 다음날은 평소보다 늦게 일어나 아침에 출근하기 바쁜 경우가 많습니다. 이럴 때 저만의 비방은 30년 넘게 실천하고 있는 계란 해장입니다. 평소보다 과음한 날은 집에 들어가기 전에 술집에서 계란후라이를 하나 주문해서 먹고 들어갑니다. 혹시 아침에 일어나서도 속이 아프면 꿀차와 계란후라이 2개를 먹고 출근합니다. 아마 놀라운 해장 효과를 경험하시게 될 것입니다.

참고로 집에서 라던 전문집처럼 라면 끓이는 방법을 알려드리겠습니다. 냄비에 차가운 물과 라면과 스프를 바로 넣고 끓입니다. 이때 여분의 대파 또는 양파가 있으면 같이 넣어줍니다. 3~4분 정도 팔팔 끓었을 때, 라면이 꼬독꼬독하면 집게로 라면과 야채 등 건더기를 대접그릇에 건져냅니다. 냄비에 남은 스프 국물을 다시 끓이면서 별도로 풀어둔 계란을 넣고 1분 이상 끓여주면 계란이 익을 것입니다. 이 계란 라면 국물을 미리 건져둔 라면그릇에 부어주면 라면 전문집처럼 라면 위에 달걀이 코팅된 라면이 될 것입니다. 드시면 면발이 탱탱하게 살아 있을 것입니다.

제가 이 방법으로 주말에 식구들로부터 칭찬을 많이 받았습니다. 사무실의 모 부장님께 이 레시피를 알려드렸더니, 집에서 아이들에게 끓여주고 엄청 칭찬을 받았다고 하시네요. 다른 분들도 가족을 위해 주말에 라면 끓이기에 한 번 도전해 보십시오.

《감사 메일 65》

설 유례와 음식 준비

설(설날)은 추석과 더불어 우리 민족의 가장 큰 전통 명절이며, 음력 1월 1일입니다. 보통 3일 연휴를 쉬는데 2014년부터 대체공휴일 적용대상이 되어 4일을 쉬는 경우가 가끔 있었습니다. 올해는 정부가 27일을 임시공휴일로 지정하다 보니, 이번 주말부터 다음주 목요일까지 5일간 긴 설 연휴를 쉬게 되었습니다. 다음주 금요일(1월 31일)을 권장 휴가로 쉬는 회사들이 많다 보니 9일 연휴를 쉬는 직장인도 많을 듯합니다.

민족의 최대 명절 설에는 부모님을 뵈러 가는 민족의 대이동이 항상 큰 뉴스였는데, 올해는 연휴가 길다 보니 더 많은 국민들이 대이동을 할 것 같습니다.

설의 어원은 조심스럽고 경건한 마음을 뜻하는 '섬기다' 또는 '낯설다'에서 '설'이 유래했다고 추정됩니다. 새해 첫날이 낯설고 새로운 시작이라는 의미를 담고 있습니다. 설날의 기원은 정확히 알 수 없지만, 삼국시대 이전부터 음력 새해를 맞아 조상을 기리고 새해 복을 기원하는 풍습이 있었습니다. 삼국사기에도 설날을 지냈다는 기록이 남아 있는 것을 보면 우리나라 고유 전통으로 오랜 역사를 가진 것은 확실합니다.

설날의 의미는 단순히 한 해의 시작이 아니라, 가족과 조상을 중심으로 한 화합과 전통을 강조하는 날입니다. 조상에 대한 예를 다하고 새해의 안녕과 풍요를 기원하는 차례 의식이 핵심입니다. 설날과 추석에는 제사를 지낸다고 하지 않고 차례(茶禮)를 올린다고 하는 것은 어떤 의미일까요. 차례는 가정마다 설날과 추석에 아침 일찍 지내는 약식 제사를 말하고 있어, 일반적으로 우리가 지내는 제사처럼 거하게 음식을 차리지 않았다고 합니다. 하지만 소득수준이 올라가다 보니 제사 때보다 차례가 더 거하게 차려지는 일이 자주 있다 보니 며느리들의 '설 후유증 증후군'이란 단어까지 나온 것 같습니다.

설날의 준비 음식은 풍요와 조상의 은덕을 기리는 마음을 담는 것으로 지방마다 다소 차이는 있으나, 대표적인 음식들은 떡국, 전, 나물, 한과 등입니다. 설날 최고 대표 음식은 떡국으로 얇게 썬 흰 떡을 국물에 끓여 먹습니다. 떡국을 먹으면 한 살을 더 먹는다는 의미도 있습니다. 다음은 동태전, 산적, 호박전 등 여러

재료를 달걀물에 묻혀 부친 전 음식입니다. 다양한 재료를 사용해 조화와 풍요를 상징합니다. 고사리, 도라지, 시금치 등 나물을 기름과 간장으로 볶거나 무친 나물 음식도 빠지지 않습니다. 자연에서 얻은 재료를 조상에게 바치는 뜻이 있습니다. 꿀과 쌀, 깨 등으로 만든 전통 한과도 빠지지 않습니다. 설 명절에 즐겨 마시는 전통음료인 식혜와 수정과는 소화와 입맛을 돋우기 위해 차례 후에 먹습니다.

설날 차례상에 음식을 차리는 규칙도 있습니다. 동서남북의 방향을 고려하여 차리는데 떡국, 밥, 술은 중앙, 고기나 생선은 동쪽, 나물은 서쪽, 과일과 떡은 남쪽, 탕(국)은 북쪽입니다.

설은 단순한 명절을 넘어, 가족 간의 유대를 강화하고 전통을 계승하는 중요한 날입니다. 설날 음식을 통해 그 상징성과 풍요로운 마음을 함께 나누는 시간입니다. 요즘은 설날 음식을 장만할 때 남자들이 많이 돕는다고 합니다. 이번 설에 음식 장만하는 어머님과 아내를 도와드리면서 행복한 설 연휴 보내십시오.

《감사 메일 80》

집에서 점수 따는 법

요즘 친구 자식들 결혼 청첩장을 많이 받습니다. 축하해주러 결혼식장에 갔다가 친구들과 만나 이런저런 얘기를 하다 보면 먼저 자녀를 결혼시킨 친구들로부터 혼수에 대한 얘기를 듣게 됩니다. 저희가 결혼할 때는 남자가 전세집을 마련하고, 여자는 살림살이를 채우는 식이었습니다. 요즘은 좀 다르더군요. 전세집과 살림살이 구입을 양가가 분담합니다.

신랑신부가 맞벌이하는 경우가 많다 보니, 이들이 구입하는 전자제품 생활가전 중 제가 생각하지 못한 것들이 몇 개 있었습니다.

요즘 신혼부부가 꼭 산다는 필수전자제품들은 우선 75인치 정도 되는 큰 TV, 정수 기능이 있는 양문형 대형 냉장고, 에어컨, 세탁기와 건조기 세트입니다. 일반 가정에 건조기가 있는 경우가 절반을 넘지 않을 것 같은데, 신혼부부는 건조기를 꼭 산다고 합

니다. 가사노동 시간을 최대한 줄이려고 인덕션, 식기세척기, 청
소기도 필수랍니다. 청소기는 로봇청소기가 대세며, 최소한 무선
청소기입니다. 아울러 출퇴근 옷을 매우 깔끔하게 준비해주는 스
타일러도 많이 구입한다고 합니다.

최근 결혼하신 분들은 당연하게 생각하겠지만 나이든 세대는
이해 못할 수도 있을 듯합니다. 왜 이런 제품들을 살까. 맞벌이하
다 보니 퇴근하고 귀가하면 피곤하고 힘든 신혼부부가 집에서는
영화관처럼 대형 TV를 보면서 편히 쉬려고 그러는가 보다 생각
하게 되었습니다. 세탁, 청소 등 가사노동은 가능한 기계에 맡기
고요.

이렇게 여성들을 힘든 가사노동에서 해방시켜 준 주요 가전제
품은 언제 발명되었을까요.

세탁기(Washing Machine)는 미국 호레이쇼 번햄이 1908년
최초의 전기세탁기를 출시했습니다. 17키로 정도 되는 손빨래는
평균 4시간 정도 소요되었는데, 전기세탁기가 여성들의 노동시
간을 획기적으로 단축시켰습니다.

냉장고(Refrigerator)는 1913년 프레드 울프가 전기냉장고를
발명했고, 1920년대 후반부터 보급되기 시작했습니다. 신선한
식재료 보관이 가능해지면서 매일 장을 보거나 음식을 보존하기
위해 다른 노력을 들일 필요가 없어졌습니다.

식기세척기(Dishwasher)는 조세핀 코크레인이 1886년 최초 발명했습니다만, 1950년대부터 본격적으로 보급되면서 설거지 노동에서 여성들을 해방시켰습니다.

전자레인지(Microwave)는 퍼시 스펜서가 1947년 발명했으며, 1970년대 이후 가정에서 보급되며 요리 시간을 획기적으로 단축했습니다.

요즘 거의 모든 가정에 있는 세탁기, 냉장고, 식기세척기, 전자레인지도 발명되어 보급되기 시작한 것은 채 100년이 안 됩니다. 그렇다면 100년 전 미국, 유럽, 한국 등 전세계의 일반 가정주부들은 음식 만들기, 청소, 빨래 등 힘든 가사노동에 하루의 대부분을 보냈겠다는 생각이 듭니다. 미국 여성들이 산업현장에 본격적으로 뛰어들게 된 계기는 2차 세계대전으로 미국 남성들이 군인으로 입대하면서 산업현장에 일손이 부족해져서였으니까요.

젊은 신혼부부들이 이런 혼수를 준비해서 시작부터 가사노동에서 해방되는 것 같은데, 저희 집에는 기계 대신 사람이 직접 가사노동을 하는 것이 몇 개 보이네요. 이것을 바꿔주면 점수 좀 딸 수 있을까요.

《감사 메일 89》

나이를 불문하고 중장년 직장인들에게 퇴직 이후의 삶에 있어서 걱정거리가 뭐냐고 물어보면, 건강과 돈 문제를 손에 꼽을 것입니다. 이 때문에 노후 돈 문제 해결책으로 국민연금, 퇴직연금(IRP), 개인연금 3종 세트를 많이 들고 있는데, 국민연금이 가장 큰 부분을 차지할 것입니다.

최근 항상 싸움만 하던 여야 국회의원들이 18년 만에 국민연금법 개정에 합의하였습니다. 그런데 이번 개정안에 대해 3040 국회의원들이 본회의에서 '50대 기성세대에게만 혜택을 주는 개악'이라며 반대표를 던졌고, 법안이 본회의를 통과하자 정부에 거부권을 행사해달라고 요청하는 등 거세게 반발하고 있습니다. 왜 여야를 떠나 3040 국회의원들이 보험료율 9%를 13%로 인상, 소득대체율 40%를 43%로 올리는 제도 개선에 거세게 반

발할까요. 국민연금에 있어서 보험료율은 매월 급여에서 몇 %를 거둬가는가를 나타내며, 소득대체율은 가입자가 40년 동안 국민연금을 납부했을 때 생애평균소득대비 몇 %를 국민연금으로 매월 수령할 수 있는지 비율을 의미합니다.

우리나라에 국민연금이 도입된 것은 1988년입니다. 88년에는 소득대체율이 70%였으나, 1999~2007년에 60%, 2008년 50%로 낮아졌으며, 2009년부터는 매년 0.5%씩 낮아져 2028년에 40%가 되도록 운영되고 있습니다.

이론적으로 따지면 40년 가입자의 생애월평균소득이 300만 원이라면 소득대체율 40%가 적용되어 120만 원을 매월 받게 됩니다. 하지만 우리나라에 국민연금이 도입된 지 38년째여서 현재 국민연금을 수령하시는 분들의 평균 소득대체율은 31.2%에 불과하며, OECD 선진국 평균인 42.3%에 많이 떨어집니다.

그런데 문제가 있습니다. 선진국보다 소득대체율이 낮은데, 현행 보험체계를 유지할 경우 2055년에 국민연금기금이 고갈될 것으로 예상됨에 따라 이를 막기 위해서 보험금을 더 걷고 지급액은 더 낮춰야 한다는 전문가와 학계의 권고가 꾸준히 있었습니다. 상황이 이러다 보니 간만에 여야가 합의하여 제도거선을 했는데, 보험금을 더 걷고(9% → 13%) 지급액도 인상(40% → 43%)하기로 한 것입니다.

이렇게 개정했더니 기금고갈 문제가 해결되지 않고, 기금 고 갈되는 시점을 약 9년 정도 늦추는 제도개선에 그칠 전망입니다. 이에 3040세대 국회의원들이 "50대는 내년부터 납부액은 매년 0.5%씩 늘어나는데 비해, 소득대체율이 43%로 바로 인상됩니다. 50대가 받는 연금 인상 혜택을 40대 이하 세대가 대신 지불하는 것"이라면서 반대하고 있습니다.

주요 국가들의 국민연금 보험료율과 소득대체율을 우리나라와 비교해 보면 정답이 바로 보입니다. 일본은 18.3%를 납부하고 32.4%를 받습니다. 독일은 18.6%를 납부하고 43.9%를 수령합니다. 스웨덴은 18.4%를 납부하고 36.6%를 받습니다.

직장인은 회사와 개인이 50%씩 의무 납부하고 있어 동요하지 않을 것 같습니다만, 지역연금 가입자는 본인이 100% 납부하다 보니 국민연금 가입을 중도에 그만두는 사람들이 나올 것 같습니다. 대다수 국민들이 납득할 수 있는 솔로몬의 지혜가 필요해 보입니다.

대한민국에 나와 있는 연금상품 중 매년 전년도 물가상승률을 반영해서 연금액을 인상해 지급해주는 상품은 국민연금뿐입니다. 2022년 연금지급액은 2021년보다 2.5% 올랐고, 2023년은 5.1%, 2024년은 3.6%, 25년은 2.3%씩 각각 인상됐습니다.

우리 사무실에 근무하는 직원 대부분은 만 65세부터 국민연금을 수령할 것입니다. 연금 전문가들은 현재 의무가입기간인 60세 이후에도 개인이 65세까지 계속 납부할 것을 권고하고 있습니다. 노후의 경제적 안정을 위해 국민연금을 잘 내시기 바랍니다.

《감사 메일 95》

인 플 레 이 션 을　이 기 는
자 산　투 자　안 목　기 르 기

요즘 서울과 수도권에 직장을 다니는 결혼 적령기에 있는 청년세대들이 결혼하는 데 가장 큰 걸림돌이 집 문제라고 합니다. 저도 주말이면 친구 자녀 결혼식장에 자주 가는데, 거기서 만나는 친구들의 고민도 자녀가 결혼해 살림집을 얻는 데 돈을 얼마나 도와줘야 하느냐입니다.

연초에 같은 사무실에 있는 40대 박 차장이 5월에 결혼하려는데 "신혼집을 영끌해서 사야 하는지, 아니면 전세를 얻어야 좋을지" 묻더군요. 15년 정도의 회사 생활로 저축한 돈과 생애최초대출 등으로 마련한 자금으로 서울 외곽의 집을 살 것인지, 아니면 신혼부부가 출퇴근하기 편한 곳에 전세를 얻을 것인지를 말입니다. 회사에서 전략기획을 담당하고 있어 국내외 거시경제 상황과 회사가 속한 산업 경기 등에 대해 해박한 지식을 갖고 있으나, 아

파트를 사는 것에 대해서는 아직 결정을 내리지 못하는 듯해 보였습니다.

저에게 묻는 것도 정답을 바라는 것은 아닐 것이라 생각해서 바로 응답하지는 않고 며칠 지나 답을 했습니다. 저는 집을 사라고 했습니다. 이자를 감내할 수 있는 범위에서 대출을 받고 기타 가용할 수 있는 자금 범위(소위 영끌) 내에서 교통, 학교 등의 입지 등이 양호한 지역의 20년 이상 된 아파트를 사서 살다가 향후 재건축을 노려보라고 했습니다. 비도수권이라면 아파트 사는 것을 권하지 않았을 것 같습니다.

요즘 집을 사려고 맘을 먹은 사람들은 집을 보러 다니는 임장을 하기 전에 부동산 유튜브 영상을 자주 보면서 시장 동향을 파악한다고 들었습니다. 부동산 유튜브에 나오는 부동산 전문가들도 서울과 수도권 아파트에 가격에 대해 '현재는 거품이 너구 심해 하락한다'는 부류와 '아니다. 비록 현재 집값이 높은 상황이지만 향후 3년 정도는 서울 수도권 입주물량이 거의 없어서 부동산이 상승할 수밖에 없다'는 주장이 팽팽합니다.

누구 말이 맞을지는 몇 년이 지나봐야 확인될 것입니다. 서울 수도권도 강남과 강북, 일산과 분당 등 어떻게 비교하느냐에 따라 집값 차이가 크게 나니 고민할 수밖에 없을 것입니다. 고민이 많았던 박 차장은 부부가 출퇴근하기 편한 곳에 전세를 얻기로 결정했습니다.

청년들이 '아파트를 살 것인가, 전세를 얻을 것인가'의 문제를 저는 '리스크 있는 자산에 투자할 것이냐, 무위험자산에 파킹할 것이냐'의 선택의 문제라고 생각합니다.

집이라는 것은 투자 수단이기도 하지만 실거주할 경우 가족들에게 안정적인 삶과 사는 동안 많은 추억을 만들어 주기에 단순히 투자수익률만을 갖고 평가할 수는 없다고 생각합니다. 제 아이들도 집 근처 초·중·고를 졸업해 직장에 다니고 있습니다. 그래서 지금도 어린 시절 친구들과 꾸준히 소통하는 것을 보고 있습니다.

그래서 서울과 수도권 회사를 다니는 직장인이라면 이자를 감내할 수준에서 소위 교통(지하철역), 학교(초·중·고), 편의시설 등을 갖춰서 사람들이 선호하는 입지의 부동산을 매입해 자가거주를 한다면 인플레이션을 커버하는 투자수익률과 거주의 안정성을 거둘 수 있지 않을까 하는 생각을 해봅니다.

이미 말씀드렸습니다만, 입지가 매우 중요합니다. 90년대 초 일산, 분당, 평촌 등 신도시 분양가는 모두 같았습니다. 하지만 35년이 지난 현재 입지가 가장 좋은 분당과 나머지 지역은 가격 차이가 2배 이상 납니다. 30년 전 대부분의 강남 아파트 가격은 일산, 분당 신도시 아파트 가격의 2배 정도에 불과했습니다. 지금

강남 아파트는 일산의 4배 이상 차이가 납니다.

우리가 살고 있는 세상에서 피할 수 없는 것이 몇 가지 있습니다. 세금, 죽음, 인플레이션입니다. 단기간에 보면 인플레이션을 이기는 자산을 찾기가 어렵습니다만 장기에 걸쳐서 보면 자산 중에 인플레이션을 이기는 것들이 보입니다. 따라서 그런 자산에 투자해서 장기간 보유한다면 노후에 경제적 여유를 누릴 수 있을 것 같습니다.

몇 가지 자산의 30년 전 가격과 현재 가격은 다음과 같습니다. 금 1돈 97년 9월 1일 3만 3,000원, 2025년 3월 27일 54만 원, 삼성전자 주가 97년 1월 3일 782원, 2025년 3월 27일 6만 1,800원, 은마아파트 32평형 97년 초 약 3억 원, 2025년 3월 약 30억 원.

인플레이션이 심할 경우 자산에 투자해야 한다는 독일 바이마르공화국의 에피소드는 잘 아실 것입니다. 1차대전 후 인플레이션이 극심했던 바이마르공화국에서 있었던 형제 이야기입니다. 형은 열심히 일하며 푼푼이 저축을 하고, 술꾼인 동생은 술을 마시고 빈 맥주병을 뒤뜰에 쌓아놓았습니다. 밤낮으로 돈을 찍어내니 물가가 폭등해 형이 저축한 돈은 휴지조각이 돼 불쏘시개로 변하고, 생산시설 부족으로 귀해진 빈병 값은 크게 올라 동생은 부자가 됐습니다. 장기적으로 인플레이션을 이기는 자산을 볼 수 있는 안목을 기르는 것이 중요해 보입니다. 《감사- 메일 96》

행복해지려면
실천해야 할 3가지

요즘 초중학생 자녀를 둔 동료들과 식사를 하다 보면 한결같이 자식 공부걱정 푸념소리를 듣게 됩니다. 특히 엄마들이 더 그런 경향을 보입니다. 그러다가 "저 닮았으면 공부머리는 좀 있을 텐데", "애 때문에 제 명까지 못살 것 같다"는 말도 듣게 됩니다. 답답하니까 그런 말을 하겠지 하면서도, 애 앞에서 그런 말을 하면 어쩌나 싶어 걱정을 하곤 합니다.

예전에는 아들 딸이 말을 듣지 않고 고집을 피우거나 속을 썩이면 "너 같은 아들 딸 낳아서 똑같이 당해봐야 이 엄마 맘을 알지"라고 말씀하셨습니다. 그 당시 부모님은 요즘처럼 공부를 잘 하나 못 하나를 꾸짖었던 것은 아니고, 집안의 규칙을 지키지 않거나 행동거지 등이 맘에 들지 않을 때 꾸짖는 경우가 대부분이었던 것 같습니다.

요즘 젊은 부모들은 부모 세대에 비해 자녀가 적습니다. 대부분 한 명이고 간혹 둘이죠. 그럼에도 자녀 때문에 이렇게 걱정을 많이 하니, 이런 모습을 옆에서 보고 자란 결혼 적령기 젊은 세대들이 결혼도 늦게 하지만 결혼을 해도 자식을 갖지 않으려는 것이 아닌가 하는 생각도 듭니다.

우리나라 30~40대의 행복 결정 요인에는 건강, 경제적 여유, 사회적 성공 등도 있겠지만 자식의 성공(성적, 외고 입학 등)이 큰 비중을 차지할 것 같다는 생각이 듭니다. 그래서인지 한국인의 행복 순위는 경제력 순위에 비해 매우 낮습니다. 옥스퍼드 대학 웰빙연구센터(the Oxford Wellbeing Research Centre), UN 산하 SDSN(Sustainable Development Solutions Network-지속가능발전해법네트워크) 및 세계행복보고서 편집국이 공동으로 매년 국제 행복의 날인 3월 20일에『세계행복보고서(The World Happiness Report)』를 발표하는데, 2025년 우리나라는 조사대상 147개국 중 58위를 차지했습니다. 1위는 핀란드이며, 8년 연속 전 세계에서 '가장 행복한 나라'로 꼽혔습니다. 2위 덴마크, 3위 아이슬란드, 4위 스웨덴, 5위 네덜란드, 6위 코스타리카, 7위 노르웨이, 8위 이스라엘, 9위 룩셈부르크, 10위 멕시코 순입니다.

보시는 것처럼 상위권에 북유럽 국가들이 다수 포진돼 있습니다. 2위 덴마크, 3위 아이슬란드, 4위 스웨덴은 지난해 조사에서도 똑같은 순위를 차지했습니다. 하마스와 전쟁 중인 이스라엘은 8위에 올랐고, 코스타리카 6위, 멕시코 10위에 올랐는데 두 나라가 상위 10위권 안에 든 건 이번이 처음입니다. 우리나라는 안타깝게도 지난해 52위에서 6계단 내려간 58위를 기록했습니다. 다른 동아시아 국가에서는 대만이 27위로 순위가 가장 높았고 일본은 55위, 중국은 68위입니다. 한편 아프가니스탄은 147개국 중 최하점을 받아 '가장 불행한 국가'라는 불명예를 안았습니다.

8년 연속 부동의 1위를 지킨 핀란드는 국민들의 '주관적 삶 평가 점수'에서 가장 높았습니다. 구체적으로 들여다보면, 핀란드 국민의 93.7%가 힘들 때 의지할 친척이나 친구가 있다고 느꼈고, 79%는 자신이 어떻게 살아갈지 선택할 자유가 있다고 보고 있습니다.

『세계행복보고서 2025』는 가족과 이웃 공동체가 '서로 돌보고 나눔하는 행동'이 개인의 행복에 미치는 영향을 중점적으로 다루고 있습니다. 보고서에 따르면, 함께 식사하는 빈도가 높은 사람들이 삶의 만족도가 더 높다는 결과가 나타났습니다. 특히 라틴아메리카와 카리브해 지역의 국가들은 주당 평균 9끼를 다른 사람들과 함께하며, 이는 사회적 유대감과 행복 증진에 기여

한다고 분석되었습니다. 또한, 타인을 돕는 친사회적 행동이 '절망의 죽음'으로 알려진 우울증, 자살, 중독 등의 심리적 위기를 감소시키는 데 중요한 역할을 한다고 지적합니다. 특히 미국과 한국에서 이러한 절망의 죽음 비율이 줄어들지 않고 있는 점을 강조하며, 친사회적 문화의 중요성을 부각하고 있습니다.

이에 보고서는 개인의 행복을 증진시키기 위해서 3가지를 권고하고 있습니다.

첫째, 함께 식사하기입니다. 가족, 친구, 동료와의 식사는 단순한 영양 섭취를 넘어 사회적 유대감을 강화하고 삶의 만족도를 높이는 데 기여합니다.

둘째, 타인 돕기입니다. 자원봉사, 기부 등 이타적 행동은 타인의 삶에 긍정적 영향을 미칠 뿐만 아니라, 자신의 행복감과 심리적 안정을 증진시킵니다.

셋째, 사회적 신뢰 구축입니다. 타인에 대한 신뢰와 긍정적 기대는 사회적 유대감을 높이고, 정치적 양극화를 완화하며, 공동체의 안정성을 강화합니다.

　이 3가지 권고사항은 우리가 그동안 많이 들었던 근본에 대한 얘기인 듯합니다. 행복해지는 비결은 동서고금을 막론하고 하나로 통하나 봅니다. 저도 이번 주부터 최소 한 번은 가족 모두가 참석하는 저녁식사를 하자고 제안을 해볼까 합니다. 함께 도전해 보실까요.

《감사 메일 97》

지난 주말 친구 아들 결혼식에서 간만에 만난 고등학교 동창들이 <폭싹 속았수다(수고 많으십니다)>로 이야기 꽃을 피웠습니다. 평소 연구만 하는 김 박사(천문학 교수), 민 원장(대학병원장)도 집사람이 열심히 보고 있어 옆에서 우연히 봤는데 리얼하다면서 아직 보지 않은 친구들은 이번 주말에 정주행해 보라고 추천했습니다. 그래서 저도 보고 있는 중입니다.

공감되는 줄거리가 너무 많다 보니 보다가 저도 모르게 눈물이 줄줄 흘러 혼났습니다. 저도 직장 다니는 딸이 있다 보니, 금명이가 데려온 남자 친구에게 아빠가 술 취해서 하는 말과 결혼식장에서 신부 입장하기 전에 딸에게 하는 대사가 너무 마음에 와닿았습니다.

취한 아빠(양관식)가 사윗감에게 "내가 뭘 받다 가는지를 아냐, 내가 너에게 나의 천국을 준다. 내 딸 크는 30년 아무것도 한 게 없는 너에게"라는 부분, 신부 입장을 준비하면서 아빠가 딸에게 "수틀리면 빠구, 냅다 아빠한테 와"라고 한 후 나중에 혼주석에 앉아서 우는 아빠의 모습을 시청하다가 저도 모르게 눈물을 훔쳤습니다.

결혼한 금명이가 힘들게 출산했을 때, 사위 충섭은 문병온 장인장모가 아기 상태를 가장 궁금해 할 것이라고 생각했습니다. 하지만 그들은 갓 태어난 외손주보다는 자신들의 딸인 산모의 건강이 제일 궁금하고 우선이란 것을 알게 됩니다. 이것이 모든 부모의 마음인 것을 젊은 사람들은 알지 못합니다.

금명이가 낳은 손녀가 직장생활을 하는 금명을 힘들게 해서, 엄마가 외손주를 돌봐주려고 딸 집에 와서 집안 일을 해주고 있었습니다. 지쳐서 잠든 손녀에게 할머니(애순)는 "너희 엄마(금명) 너무 힘들게 하지 마라. 우리 딸 너무 힘들면 나도 속상하다"고 하는 대사에서 조건 없는 모든 엄마들의 사랑을 느낄 수 있었습니다.

드라마를 보면서 자식들이 부모에게 할 수 있는 효도는 거창한 것이 아닌데, 주변에서 보면 그것을 잘 실천하지 못하고 있다는 생각을 하게 되었습니다.

보통 자식들이 직장생활을 하게 되면 부모님에게 매달 용돈을 드리고 있습니다. 이것은 자식이 부모님으로 받은 사랑에 대한 도리이고 작은 보답입니다. 드라마에서 금명이가 직장생활을 하면서 아빠에게 용돈을 보내드렸는데, 아빠는 통장에 찍히는 잔고만 봐도 배가 불렀는지 단 한 푼도 쓰지 않고 그대로 모아두었습니다. 아빠를 생각해주는 딸아이의 어여쁜 마음이니 찾아 쓸 수가 없었을 것입니다. 저도 2008년 돌아가신 어머니의 유품을 정리하다 보니 3형제가 자동이체로 보내드린 용돈을 한 푼도 찾아 쓰지 않으셨더군요. 이모님들 말씀이 어머니께서는 그저 통장만 보고 있어도 배부르다고 하셨다고 합니다.

어시장에서 좌판 장사를 하던 엄마 애순에게 서울대학교에 다니던 딸 금명이 전화로 안부를 물어주면, 엄마는 옆 좌관에서 생선을 파는 아줌마들이 들리도록 큰 소리로 "나도 사랑허"라고 전화를 받으면서 즐거워했습니다.

부모님이 자식에게 베푸는 내리사랑의 십분의 일, 아니 이십분의 일만 하면 효자라는 소리를 듣습니다. 그런데 결혼해서 자식 낳아 키우고 살다보면 부모에게 그만큼 못하는 이들이 많습니다. 다들 사는 것이 바쁘고 힘들겠지만 부모님께 소소한 용돈도 드리고 안부 전화도 자주 합시다. 그리고 주말이면 시간을 내서 부모님과 식사도 같이 하면 좋겠습니다.　　　　　　　　《감사 메일 98》

잘 읽어 주셔서 감사합니다
- 완성 그리고
새로운 도전 앞에서

감사 메일 100!

학창시절에는 중간고사나 기말고사를 보면 가끔 100점을 받곤 했으나, 직장생활을 하면서 100이란 숫자를 오랜만에 달성합니다. 2022년 10월 산티아고 순례길을 걷기 시작해 3주 정도 됐을 때 종착지 산티아고 데 콤포스텔라 성당까지 100km 남았다는 마일스톤을 터치한 이후 약 2년 반 만입니다.

저는 100이란 숫자가 '많음', '완전함', '끝에 도달함' 등 다양한 상징적·은유적 의미가 있다고 생각합니다. 그래서 감사 메일도 100번까지 써보겠다고 여러분들에게 얘기했던 것 같고, 결국 여기까지 왔습니다. 보잘 것 없는 제 감사 메일을 잘 읽어 주시고 여러 방법으로 격려해 주신 여러분의 따뜻한 응원과 지원이 100개를 쓸 수 있는 원동력이었습니다.

'칭찬은 고래도 춤추게 한다'고 합니다. 사람이 생존하기 위해서는 식욕·수면욕과 같은 생리적 욕구도 필히 충족되어야 하지만, 인정욕(구)와 같은 심리적 욕구 충족이 더욱 중요한 것 같습니다. 저도 이번에 그것을 확실히 느꼈습니다.

바쁜 와중에도 많은 분들이 저에게 따뜻한 격려의 답장 메일 글을 자주 보내주셨는데, 하루의 대부분을 함께 보내는 사무실 동료들에게도 자주 표현하시면 좋을 것 같습니다. 자주 칭찬하고, 격려하며, 협력하고, 사소한 도움에 대해서도 서로 감사하는 표현을 하다 보면 우리 직장이 정말 멋진 곳이 될 것입니다.

27일을 쉬지 않고 걸어 산티아고 성당에 도착했을 때의 느낌처럼, 지난해 8월 8일 시작한 '감사 메일 100회 릴레이'도 저에게는 큰 도전이었습니다. 뭔가를 끝냈다는 성취감도 있지만 새로운 것에 도전할 수 있는 힘을 얻게 되는 것 같습니다.

100이란 목표점 도달! 그것은 마침표가 아니라 다음 단계로 나아가는 새로운 출발점이 될 것이라 생각합니다. 마치 마라톤에서 하프 지점을 턴해서 새로운 리듬을 타고 피니시 라인을 향해 힘차게 달리는 것처럼요.

100은 완성의 상징이면서도, 새로운 도전의 문을 여는 상징적인 숫자라고 생각됩니다. 다음에는 다른 주제로 여러분들과 만날 수 있기를 기대합니다. 감사합니다. 《감사 메일 100》

프란치스코 교황님의 마지막 편지

2025년 4월 21일 영원히 우리 곁을 떠나신 고(故) 프란치스코 교황님의 마지막 편지 '이 세상에 내 것은 하나도 없다'를 읽으며 여러분께도 일독을 권합니다.

이 편지에서 고인은 "나와 인연을 맺은 모든 이들이 눈물겹도록 고마웠으며, 삶이 감사함으로 가득 찬 기적 같은 여정이었다"고 고백합니다.

새삼 지금, 그리고 여기에 있음에 감사합니다.

이 세상에 내 것은 하나도 없다

프란치스코(1936~2025)

이 세상의 모든
사랑하는 자녀들에게,

나는 오늘, 이 삶을 지나가는 사람으로서
작은 고백 하나 남기고자 합니다.

매일 세수하고, 단장하고,
거울 앞에 서며 살아왔습니다.
그 모습이 '나'라고 믿었지만,
돌아보니 그것은 잠시 머무는 옷에 불과했습니다.

우리는 이 몸을 위해
시간과 돈, 애정과 열정을 쏟아붓습니다.
아름다워지기를,
늙지 않기를,
병들지 않기를,
그리고… 죽지 않기를 바라며 말이죠.

하지만 결국,
몸은 내 바람과 상관없이
살이 찌고, 병들고, 늙고,
기억도 스르르 빠져나가며
조용히 나에게서 멀어집니다.

이 세상에,
진정으로 '내 것'이라
부를 수 있는 것은
하나도 없습니다.

사랑하는 사람들도,
자식도, 친구도,
심지어 이 몸뚱이조차
잠시 머물렀다 가는
인연일 뿐입니다.

모든 것은
구름처럼 머물다 스치는 인연입니다.
미운 인연도, 고운 인연도
나에게 주어진 삶의 몫이었습니다.

그러니,
피할 수 없다면 품어주십시오.
누가 해야 할 일이라면
'내가 먼저' 하겠다는 마음으로 나서십시오.
억지로가 아니라, 기쁜 마음으로요.

해야 할 일이 있다면
미루지 말고 오늘, 지금 하십시오.
당신 앞에 있는 사람에게
당신의 온 마음을 쏟아주십시오.

울면 해결될까요?
짜증내면 나아질까요?
싸우면, 이길까요?

이 세상의 일들은
저마다의 순리로 흐릅니다.
우리가 할 일은 그 흐름 안에서
조금의 여백을 내어주는 일입니다.

조금의 양보,
조금의 배려,
조금의 덜 가짐이
누군가에겐 따뜻한 숨구멍이 됩니다.
그리고 그 따뜻함은
세상을 다시 품게 하는 온기가 됩니다.

이제 나는 떠날 준비를 하며,
이 말 한 마디를 남기고 싶습니다.
"정말, 고맙습니다."

내 삶에 스쳐간 모든 사람들,
모든 인연들,
그리고 이 아름다운 세상에.

"나와 인연을 맺었던 모든 사람들이
정말 눈물겹도록 고맙습니다."

가만히 돌아보면,
이 삶은 감사함으로
가득 찬
기적 같은 여정이었습니다.

언제나 당신의 삶에도
그런 조용한 기적이 머물기를 바라며
이 편지를 마칩니다.

이제 하나 남으셨네요. 연속으로 '폭싹 속았수다'를 모티브로 한 글을 남기셨네요~^-^.
저도 지난주 토요일에 와이프가 1회부터 16회까지 정주행하길래 옆에서 같이 12회까지
보다가 잤습니다. 외박 나온 큰아들도 부대에서 다 봤다고 하고, 둘째는 유튜브 짤로 몇 가지를
봤다고 해서 가장 눈물이 많이 났던 장면이 뭐냐고 했더니, 큰아들은 제주에서 천안으로
단체관광 온 아빠 관식이 짬을 내 금명이의 학교를 찾아가 기다리다가 짬뽕 한 그릇 먹고
터미널에서 헤어지던 장면이 가장 눈물이 났다고 얘기하더군요. 둘째는 금명이 엄마가
시어머니와 영정사진 찍으러 갔던 게 눈물이 났다고 하더라구요. 와이프한테 물어봐도 그렇고
저도 마찬가지로 비슷한 장면에서 눈물을 흘렸던 것 같습니다. 정상적인 사람의 감정이라는
것이 나이와 크게 상관없다는 생각이 들었습니다.
이제 감사일기는 당초 목표한 것에서 마지막 하나 남으셨는데, 유종의 미를 거둘 수 있는
주제를 찾으시느라 고민이 많으실 것 같습니다. 한 번 더 '고생하셨다'고 말씀드리고 싶습니다.

- 일진전기 박○○ 상무

새해 복 많이 받으십시오. 전무님의 고등학교 3학년 담임선생님의 제자 사랑이 참 깊으시군요.
팔순에도 손수 신년인사 글을 보내주시는 것을 보면요.
오늘도 전무님 글과 함께 감사와 능동의 하루를 시작합니다.

- 일진전기 유○○ 대표

오랜 시간 동안 정성껏 작성해 주신 감사 편지들을 통해 저도 큰 감동과 깊은 울림을 느꼈
습니다. 편지 한 장 한 장에 담긴 따뜻한 마음과 진심이 제게 큰 힘과 용기를 주었습니다.
100번째 편지를 끝으로 마무리하시며 전해 주신 메시지는 더욱 특별한 의미를 지니며,
그동안 주신 모든 편지는 단순한 글이 아니라 마음의 연결고리가 된다고 생각합니다. 이에
진심으로 감사드리며, 저도 그 소중한 마음을 오래도록 기억하며 새롭게 나아갈 수 있도록
노력하겠습니다.
전무님의 배려와 사랑에 다시 한 번 깊이 감사드리며, 앞으로도 보내주신 메시지를 계속
간직하겠습니다.

- 알피니언메디칼시스템 이○○ 상무

 **100개의 감사일기 피드백~ 소통과 공감의 시간들** 

벌써 60번째 감사 메일을 보내주셔서 정말 감사합니다.
전무님의 메일을 받을수록 기분이 좋아져서 저도 전무님께 감사 메일을 드리고 싶어졌습니다.
별것 아닌 것 같지만 감사운동을 하고, 전무님의 메일을 꼬박꼬박 받으며 달라진 저의 모습을
공유드리자면,

- 자기 전에 핸드폰을 보며 자는 시간을 아까워했던 저의 모습에 조금 변화가 생겼습니다. 빨리
  자면 내일 더 컨디션이 좋을 거라고 생각하고 침대에 누워 가급적 11시경에는 자고 있습니다.
- 아침시간은 늘 바쁘지만 저를 위해 유산균을 챙겨 먹는 습관을 들였습니다. 이제는 생각하지
  않아도 일어나면 물 한 잔과 유산균 한 포가 자동으로 들어갑니다. 루틴이 된 거겠죠!
- 독서, 운동은 늘 하는 것이었지단 이것을 하는 시간이 더 행복해졌습니다. '나를 위한 것이니
  더 자주 해야지'하는 마음이 자꾸 들어서요.
- 제 업무의 특성상 초조하고 긴장하고 위축되어 있는 상황이 많은데 조금 편안해졌습니다.
  실수해도 스스로에게 좀 더 너그러워지고, 웃으며 다시 할 수 있는 여유도 조금 생겼구요.

전무님도 제 메일로 오늘 하루가 행복하셨으던 좋겠습니다. 감사합니다.

- 일진홀딩스 송○○ 과장

목표하신 100편의 감사 메일 전송을 축하드립니다. 모시고 함께 일한 덕분에 보내주신 글들을
먼저 편히 읽어볼 호사를 누렸습니다. 이후 출간될 책도 많은 독자들을 만났으면 합니다.
개인적으로는 저도 6년째 지방 일간지에 쓰고 있는 칼럼을 모아 인쇄물로 만들 수 있으면
좋겠다는 꿈이 생겼습니다.
저는 기독교인이라 그런지 전무님이 산티아고 순례길을 걸으셨던 이야기를 들려주시면
참 좋습니다. 가본 적은 없지만 그때 겪으신 체험이 정말 종교적 체험이었기 때문이 아닐까
짐작합니다. 회사에서의 일상은 산티아고에서 경험할 수 있는 영적인 것과 아주 멀리 있지만,
그때의 경험이 지금의 삶을 바꿀 수 있는 힘이 되고 있음을 믿습니다.
복된 주말 평안히 맞으십시오. 늘 감사합니다.

- 일진홀딩스 여○○ 부장

지난 주 소개해 주신 <비엔나 1900, 꿈꾸는 예술가들> 전시회 정보를 접하고 주말 토요일 저녁에 음악과 미술을 사랑하시는 어머님을 모시고 용산 국립중앙박물관에 다녀왔습니다.
이번 에곤 실레와 코코슈카의 작품 한 점 한 점을 감상하며 전통의 틀을 깨는 자유로운 실험정신에서 큰 울림을 받았습니다.
야간에 느낄수 있는 고즈넉한 정취와 분위기를 만끽하며 토요일 밤, 예술의 갈증을 해소하는 만족감과 가족의 행복을 느끼니 마음이 풍성하고 넉넉하게 기분 좋은 주말을 보낼 수 있었습니다.
전무님이 주신 좋은 정보 덕분에 어머님께 효도했습니다. 감사합니다.

- 일진다이아몬드 김○○ 부장

말씀하셨던 100회 감사 메일을 달성하신 것 축하드립니다!
100가지의 감사 메일을 보내주셔서 때로는 제가 몰랐던 지식도 알게 되고, 어떤 메일을 읽고는 아버지의 마음도 조금은 이해가 가는 듯했으며, 어떤 메일은 스스로 되돌아보는 계기도 되었고 또 무언가 도전해봐야겠다는 다짐도 종종 했던 것 같습니다.
전무님께서 아침 루틴을 꾸준히 이어가시고 계신 것처럼, 또 계획하셨던 감사 메일을 완주하신 것처럼 무언가 하나쯤은 해보아야겠다는 생각이 듭니다.
전무님께서 보내주신 감사 메일의 애독자로서, 이제 감사 메일이 끝난다니 아쉬운 마음도 듭니다. 그동안 100개의 감사 메일을 보내주셔서 감사했습니다.

- 일진홀딩스 이○○ 사원

그동안 100개의 감사일기를 보내주셔서 감사합니다. 쉽지 않은 100개의 감사일기 달성을 진심으로 축하드립니다.
감사일기를 하나하나 잘 보고 모아오던 독자인 저로서는 아쉬움이 남습니다. 다양한 경험에서 우러나오는 여러 이야기들을 들을 수 있어서 전무님을 만난 것이 행운이 아닐까 생각합니다.
저도 올 7월에는 꼭 후지산을 등반하여 전무님의 산티아고 순례길과 같은 제 인생 버킷리스트를 달성할 수 있기를 기대합니다.
그동안 고생하셨고, 좋은 글 진심으로 감사드립니다.

- 일진홀딩스 김○○ 부장

저의 삶의 모토가 꾸준함인데..., 전무님의 감사일기 100을 보며 그 꾸준함에 진짜 대단하시다고 느꼈습니다. 내용들도 읽기 좋았건 데다, 좋은 에너지를 받게 되어 감사할 따름입니다.

- 일진전기 김○○ 차장

축하드립니다. 전무님 말씀처럼 뭔가를 하나 진정으로 마무리했다는 마음과, 이제 또 다른 뭔가를 시작할 수 있다는 교차점이 100이라는 숫자라면 기분 좋게 축하해 드리는 게 맞는 것 같습니다.
어제는 비가 오더니 오늘은 햇살이 비치고 있습니다. 날씨는 많이 춥던데 그래도 햇살이 있으니 꽃구경이라도 한 번 하시죠.
100 감사 메일을 금요일에 마치셨으니 홀가분한 마음으로 주말을 맞으시기 바랍니다.

- 일진전기 박○○ 상무

"폭싹 속았수다."
그동안 감사 메일의 알콩달콩 잡학다식한 이야기에 홀딱 빠져 지냈는데, 정말 아쉽네요.
참고로 저는 아직도 100이라는 숫자에 익숙합니다. 필드에 가면 자주 100점을 가득 채워 오거든요.
환절기 건강 조심하세요.

- 알피니언메디칼시스템 김○○ 상무

100번째 감사 메일 작성을 진심으로 축하드립니다!!!
첫 번째 감사 메일부터 시작해 그 변천사를 직접 봐온 저의 뇌리에 전무님, 정석 대리와 함께 감사문화 확산을 위해 머리 맞대고 고민했던 지난 시간들이 주마등처럼 스쳐 지나갑니다. 그 중 가장 기억에 남는 것은 장장 10시간에 걸쳐 진행한 능동감사 강의 개선 프로젝트(?)입니다. 가까운 지인이 아닌 누군가를 위해 이 정도로 역량을 집중시켜 본 적이 없을 정도로 신경을 많이 썼던 기억이 있습니다. 이 또한 전무님과 함께여서 의미 있는 시간이었습니다.
다시 한 번 100번째 감사일기 작성을 축하드립니다. 시간 되실 때 따뜻한 커피 한 잔 대접해 드리고 싶습니다.

- 알피니언메디칼시스템 김○○ 과장